나는 생각보다 괜찮은 사람

홍성남 지음

나는 생각보다 괜찮은 사람

2018년 10월 24일 교회 인가
2019년 3월 25일 초판 1쇄 펴냄
2024년 12월 6일 초판 6쇄 펴냄

지은이 · 홍성남
펴낸이 · 정순택
펴낸곳 · 가톨릭출판사
편집 겸 인쇄인 · 김대영
편집 · 강서윤, 김소정, 김지영, 박다솜
디자인 · 강해인, 이경숙, 정호진
마케팅 · 황희진, 안효진

본사 · 서울특별시 중구 중림로 27
등록 · 1958. 1. 16. 제2-314호
전자우편 · edit@catholicbook.kr
전화 · 1544-1886(대표 번호)
지로번호 · 3000997

ISBN 978-89-321-1593-1 03230

값 14,000원

© 홍성남, 2019

이 책은 저작권법에 의해 보호를 받는 저작물이므로 무단 전재와 무단 복제를 금합니다.

성경 © 한국천주교중앙협의회

가톨릭의 모든 도서와 성물을 '가톨릭출판사 인터넷쇼핑몰'에서 만나 보실 수 있습니다.
http://www.catholicbook.kr | (02) 6365-1888(구입 문의)

나는 생각보다 괜찮은 사람

홍성남 지음

가톨릭출판사

시작하는 글

저는 젊은 시절 늘 입에 불만을 달고 살았습니다. 사는 게 왜 이 모양이냐고, 왜 이렇게 되는 일이 없냐고 투덜거렸습니다. 세상 사람들에 비해 저만 뒤처지고 저만 뭘 못 가진 것 같아 서러웠습니다. 늦게 피는 꽃도 있다는 말은 일말의 위로도 되지 못했습니다. 일찍 펴서 늦게 지고 싶었으니까요. 저는 제 삶의 방관자가 되어 멍하게 살았습니다. 하루하루가 따분했지요. 제가 제 삶을 사는 게 아니라 마치 남이 제 삶을 사는 것 같은 느낌이었습니다.

그런 제게도 봄날이 오더군요. 모든 것에는 때가 있다는 그 진부한 말이 진짜 사실일 줄은 몰랐습니다. 봄바람은 전혀 예상치 못한 곳에서 불어왔습니다. 바로 심리 상담이었습니다. 심리 상담을 받으면서 제가 내적 자원이 풍부한 사람이라는 것을 처음 알게 되었습니다. 갈피를 못 잡고 허둥댔던 시간들이 사실은 마음에서 내밀어 대는 꽃봉오리가 너무 많아서였을 수도 있다는 생각이 들었습니다. 서로 먼저 피겠다고 야단들이었으니 뭐 하나 제대로 피워 내지 못한 것이었죠. 제 자신을 제대로 알고 나서부터 숱한 방황의 흔적들에게 하나씩 이별을 고했습니다. 쉽게 떨어져 나가지 않는 것들은 수차례 어르고 달래서라도 과거 속으로 돌려보냈습니다. 그리고 제 안에서 새롭게 발견한 것들을 키우기 시작했습니다. 그러면서 조금씩 기회도 찾아왔습니다.

이런 봄날이 여러분에게도 찾아오길 바랍니다. 그러려면 무엇보다도 자기 자신을 나무라지 마세요. 야단치고 구박해 못생기게 찌그러져 봐야 자신만 손해잖아요. 그러니 무조건 다독여 주세요. 당장은 내가 너무 싫어도 일단 구긴 것부터 펴 놓으세요. 틈만 나면 바람도 쐬어 주고, 하늘도 보여 주고, 음악도 들려주고, 말도 걸어 주세요. 그렇게 자신을 돌봐 주세요. 동물, 식물, 심지어 곤충까지 정성으로 돌봐 키우면서 자기 자신을 돌보는 일에는 왜 그렇게 심드렁하세요? 내 안의 나는 정말 늦었다고 생각될 때조차도 기다리고 있을 겁니다.

슬픔에 너 자신을 넘겨주지 말고
일부러 너 자신을 괴롭히지 마라.
마음의 기쁨은 곧 사람의 생명이며
즐거움은 곧 인간의 장수이다.
긴장을 풀고 마음을 달래라.
그리고 근심을 네게서 멀리 던져 버려라.
정녕 근심은 많은 사람을 망쳐 놓고
그 안에는 아무 득도 없다.

집회 30,21-23

차례

시작하는 글 5

제1장 마음 탐구

내 마음의 소리가 들리세요? 15
마음도 건강 검진이 필요하대요 17
내 안의 나와 마주 보세요 21
마음의 균형이 맞아야 건강해요 25
힘든 마음도 삶의 일부이지요 28
'그나마 다행이다'를 품고 살면 숨통이 트여요 31
파도에 의연하게 맞서세요 34
변덕이 죽 끓듯 하나요? 38
단점은 털어놓고 장점은 키워 보세요 42
하지 말아야 할 것보다는 해야 할 것에 마음을 쓰세요 45
마음속 어린아이를 끌어안고 실컷 우세요 47
울 때 울 줄 아는 사람이 건강합니다 50
마음의 힘을 빼세요 52
마음이 건강해지고 싶다면 철학과 친해지세요 55

삭혀야 맛있는 게 있고, 삭히면 쉬는 게 있죠 58

웃어요, 웃어 봐요 60

제2장 살아 내기

그저 배움의 과정일 뿐이라고 생각하세요 65

목표 없는 삶은 앙꼬 없는 찐빵이죠 68

사는 게 그저 그런가요? 71

터널의 끝에 뭐가 있는지 궁금하지 않나요? 75

반듯함도 병이라지요 77

세상은 원래 내 뜻대로 되지 않아야 정상이에요 79

성공은 성적순이 아니에요 83

시간의 유한성을 망각하지 마세요 85

주님의 품에 안겨 묵은 때를 씻어 내세요 89

즐기다 보면 차선도 최선이 됩니다 93

여한 없는 삶, 내 것 되지 말란 법 있나요? 96

나를 강하게 만드는 인생길의 십자가, 역풍 99

즐거움은 갇힌 문을 여는 열쇠입니다 104

세상살이에 지친 마음은 세상 안에서 해결하세요 107

병이 있는 곳에 약도 있다니까요 110

눈을 낮추면 비로소 보이는 행복 113

내가 나를 존중해야 다른 사람들도 따라합니다 115

행복을 다른 곳에서 찾지 마세요 118

새 술은 새 부대에 121

행복은 내 안에 있습니다 123

주님도 잠시 멈추셨습니다 126

혼자 가는 길, 끝없는 배움의 길 129

꼰대인가 어르신인가? 134

가난에 대하여 137

행복과 불행은 등을 맞대고 있습니다 140

나에게 주는 선물 144

건강한 욕구는 나를 성장시킵니다 147

지나치게 잡아당기면 끊어집니다 150

숫자에 얽매이는 순간 젊음은 멀어집니다 152

나이는 넣어 두고 지혜는 꺼내 주세요 155

이제부터가 시작인 걸요 157

제3장 관계 맺기

섬과 섬은 결국 하나의 땅 위에 서 있잖아요 163

부딪침이 있어야 아름다운 돌멩이가 되죠 167

그래도 용서하면 좀 나아져요 170

없어 봐야 귀한 줄 알지요 174

이웃 사랑이라는 부메랑 178

어른의 정석 180

다 안다는 자만은 무지의 다른 이름이에요 183

적당한 비난은 약이 됩니다 186

겸손과 마조히즘은 하늘과 땅 차이 189

귀를 기울이면 사랑이 자라나요 191

지나친 기대보다는 감사의 마음을 194

너무 꼭 붙어 있진 말자고요 197

주고받는 기쁨에는 일방통행이 없어요 200

제4장 먹구름 끝 환기 시작

계속 화만 내지 말고 바람 한번 쐬고 오세요 205

마음의 세 가지 불청객 209

불길한 생각은 퇴치하고 좋은 추억은 되살리고 214

만병통치약으로 화투 어떠십니까? 217

두려움도 은총이라지요 219

불평은 재활용 쓰레기 같은 거예요 221

질투의 화신까진 되지 마세요 225

그저 아무 말 없이 들어 주기만 하면 돼요 229

과감히 대본을 수정하세요 232

부정적인 생각 다루기 235

너무 편하기만 하면 내면의 소리가 잘 안 들려요 238

원래 그런 거라고 주저앉지 말자고요 241

때로는 손바닥 뒤집기도 잘해야죠 244

내 안의 자아 들여다보기 247

아이고, 징크스라니요 252

제 1 장

마음 탐구

내 마음의 소리가
들리세요?

'마음을 키우기 위해서는 공부를 해야 합니다.'라고 말하면, 나이 지긋한 분들은 내 나이에 무슨 공부냐고 손사래를 치십니다. 하지만 사람은 죽을 때까지 공부해야 합니다. 특히 마음을 탐구하는 것은 사람이 살면서 가장 열심히 해야 할 공부입니다. 그리고 나이가 들수록 더 열심히 해야 합니다. 왜냐하면 사람은 자기가 배운 대로 살기 때문입니다. 그래서 사람을 학습하는 존재라고도 말하지요. 우리가 살아가는 방법은 대부분 부모님에게서 배운 것입니다. 하지만 안타깝게도 부모님에게서 배운 것이 모두 좋은 것이라고 볼 수는 없습니다. 그래서 우리는 더더욱 끊임없이 공부해야 합니다.

심리학에서는 사람의 마음을 이드Id, 자아Ego, 초자아Super-ego 세 가지로 구분합니다. 이 중 초자아는 내 안의 도덕성을 말합니다. 쉽게 말해 스스로에게 하는 잔소리인 셈입니다. 내 안의 잔소리를 잘 들어 보십시오. 어떤 것들이 있나요? 가만히 들여다보면 그 잔소리들이 내 스스로 정립한 가치관이라기보다는 다른 사람이 내 머릿속에 심어 놓은 생각들인 경우가 많습니다. 대부분 편견의 성격을 띠고 있기도 합니다. 이런 생각들이 나를 건강하게 해 주면 상관없지만 그렇지 못하다면 문제가 됩니다. 우리 마음을 불편하게 하기 때문입니다.

그렇다면 어떻게 해야 할까요? 우선 내가 가진 생각이 건강하지 않다는 것을 깨달아야 합니다. 그러기 위해서 마음을 공부하는 겁니다. 기도만 하면 되지 않느냐고요? 천만에요. 공부하고 깨달아 내 생각을 바꿔야 합니다. 그래야 기도도 건강해집니다. 생각이 건강하지 않고 우울한 상태일 때 기도를 해 봤자 건강하지 못한 생각만이 부풀어 올라 우울감이 짙어집니다. 때문에 생각을 바꾸는 일이 참 중요합니다. 내가 가진 생각들을 적어 보시고, 하나씩 점검해 보세요. 생각을 바꿀 수 있는 가장 쉬운 첫 걸음입니다.

마음도
건강 검진이 필요하대요

마태오 복음서(6,22-23)에서 주님은 눈에 대한 이야기를 하십니다. 눈이 성하지 못하면 온몸이 어두울 것이라고 말씀하십니다. 여기서 눈이란 우리 몸에 붙어 있는 눈도 의미하겠지만, 우리 마음도 상징합니다. 눈이 성한 것, 즉 마음이 건강한 것은 신앙생활에서 중요하게 다뤄지는 주제입니다. 마음이 건강하지 못하면 모든 것이 망가지기 때문입니다. 그렇기 때문에 신앙생활을 주님의 은총으로 마음의 건강을 얻어 가는 삶이라 말하기도 합니다.

영성 심리학에서는 누군가 잘못을 저질렀을 때 그를 죄인이라 하지 않고 마음이 아픈 사람, 혹은 마음이 덜 성숙한 사람이라고 말합니다. 윤리적 판단이 아닌 병리적 진단을 통해 마음을 치유할 방법을 찾는 것입니다. 이것이 영성 심리학에서 이야기하는 사랑 실천 방법입니다.

마음이 건강한지는 어떻게 알 수 있을까요?

첫째, 분노의 정도로 가늠해 볼 수 있습니다. 마음이 건강한 사람일수록 분노의 빈도가 낮습니다. 반대로 마음이 많이 아픈 사람일수록 사사건건 분노합니다. 그러나 분노의 빈도가 낮다는 것이 분노를 억누르며 산다는 것을 의미하지는 않습니다. 그저 화낼 일이 줄어든 것뿐입니다. 예전에는 반드시 화를 내고야 말았던 일에 이제는 별로 개의치 않게 되었다면, 마음의 키가 자란 것입니다.

둘째, 대인관계의 폭으로 진단할 수 있습니다. 마음이 건강하지 않을 때는 사람이 다 싫습니다. 이 사람은 이래서 싫고 저 사람은 저래서 싫다 합니다. 그리고 인간관계를 내 편과 내 편이 아닌 사람, 즉 이분법으로 구분합니다. 반대로 마음이 건강한 사람은 사람을 가리지 않습니다. 편식에 비유하면 적절할 것 같습니다. 건강하지 못한 사람은 음식을 가리고, 건강한 사람은 아무 음식이나 잘 먹습니다. 건강한 사람은 사람을 가려서 차별하지 않습니다.

셋째, 마음이 건강한 사람은 자신의 장점과 단점을 잘 알고 그것을 스스럼없이 이야기합니다. 자기 약점에 솔직하고 약점을 굳이 감추려 하지 않습니다. 한마디로 무슨 척을 하지 않습니다. 무슨 척을 하는 행위는 바꿔 말하면 자신의 약점을 다른 사람들이 알아챌까 봐 미리 벽을 치는 것이라 할 수 있습니다. 하지만 그렇게 쳐진

벽은 애석하게도 너무 얇고 얕아서 금세 들통나기 일쑤입니다.

넷째, 마음이 건강한 사람은 자기 문제를 다른 사람에게 솔직히 털어놓고 남의 이야기를 경청합니다. 스스로에게 도움이 되는 이야기에 귀를 여는 것이지요. 그러나 마음이 건강하지 못한 사람은 남 이야기를 많이 하고 남을 가르치고 싶어 합니다. 주님께서 제 눈의 들보를 먼저 빼내라고 말씀하셨는데 말입니다.

다섯째, 건강한 사람은 아름다움에 대한 감각이 열려 있습니다. 길가에 핀 자그마한 꽃을 보고도 마음이 기쁘고, 소박한 물건 하나에도 감사해합니다. 그러나 마음이 건강하지 못한 사람은 아름다움에 대한 감각이 무디고 작은 일에도 인상을 찌푸리기 일쑤입니다.

여섯째, 마음이 건강한 사람은 자신이 왜 살아야 하는지, 무엇을 해야 하는지 잘 압니다. 자신의 인생을 의미 있게 살기 위해서 모든 것을 사용합니다. 반면 마음이 건강하지 못한 사람은 그저 죽지 못해 산다고 합니다. 자신에게 주어진 시간을 소모하면서 사는 것도 죽은 것도 아닌 삶을 삽니다.

일곱째, 마음이 건강한 사람은 웃을 일이 많습니다. 그리고 모든 일을 유머러스하고 여유 있게 처리합니다. 그러나 마음이 건강하지 못한 사람은 모든 일을 경직되게 처리하고 사람들에게 스트레스와 상처를 줍니다. 그래서 시간이 갈수록 주변 사람들이 모두 곁을 떠나 외로움 속에서 홀로 살아가게 됩니다. 마음이 병든 상태에서 신앙심이 깊어지는 사람은 없습니다. 신앙심도 마음이 건강해야 깊어집니다.

내 안의 나와
마주 보세요

 사람의 내적 문제를 진단하는 과정은 그리 간단치 않습니다. 정신병리학적으로 진단하기 위해서는 그 사람의 과거 생활사, 성격, 가족 환경까지 두루 살펴보아야 합니다. 혹은 뇌기능 장애에 의한 병일 가능성도 빼놓지 않습니다. 아울러 임상 심리 검사를 통해 심리 상태를 알아보기도 하고, 입원 후 행동을 관찰하는 방법도 있습니다. 이렇듯 한 사람의 정신 상태를 파악하기 위해서는 시간과 노력이 많이 필요합니다. 그리고 그렇게 시간과 노력을 많이 들인다 해도 완벽하게 진단하지 못하는 경우가 많습니다. 정상적인 사람에게서도 이상 징후는 나타날 수 있기 때문입니다. 이런 이유로 사람을 정상과 비정상으로 나누기보다는 마음이 건강한 상태인가 그렇지 못한가를 잘 살피는 것이 우선입니다.

기도를 해도 심한 감정 기복이 가라앉질 않는다고 고민하는 사람들이 많습니다. 이런 고민들은 종교적으로 어느 경지에 오르면 감정 기복이 없어지고 늘 평안하다고 주장하는 일부 종교인들 때문에 발생하기도 합니다. 기도를 열심히 하면 평안해진다고 했는데 왜 나는 그렇지 못할까 싶어 스스로에게 실망하게 되는 것입니다. 기도를 많이 하면 정말로 감정 기복이 없어질까요? 바오로 사도는 감정 기복이 아주 심한 분이셨습니다. 다른 열두 제자 역시 그랬고요. 예수님도 마찬가지였습니다. 나자로 무덤 앞에서 우신 일이나 바리사이들에게 분노하신 일 등을 통해서도 알 수 있습니다. 감정 기복은 신심이 약하거나 기도가 부족해서 생기는 것이 아닙니다. 건강한 사람이라면 당연히 감정 기복이 있기 마련입니다. 감정 기복의 정도가 영적 성숙의 척도가 아니란 말입니다. 건강할수록 더 많은 감정에 영향을 받고 상처도 받습니다. 하지만 자신이 바로 서야 할 방법도 알고 있습니다.

감정을 느끼지 않으려고 할 일이 아니라, 감정을 느낀 후 평가하고 그에 따라 처리를 잘하는 것이 중요합니다. 따라서 감정은 정확하게 표현이 되어야 합니다. 물론 그 감정이 죄로 가는 통로가 될 수 있음도 알아야 하고요. 인생은 바다를 항해하는 것과 같다고 했습니다. 그리고 사람의 무의식은 바다를 닮아 있습니다. 그래서 평안하다가도 파도가 치고, 또 때로는 태풍도 부는 것이지요. 그러므로 가장 중요한 것은 평안함을 구하는 것이 아니라, 주님을 향한 눈길을 놓지 않는 것입니다.

　감정에 대해 좀 더 부연 설명을 하자면, 사람의 감정은 부정되거나 억눌리게 되면 점점 커집니다. 반대로 사람으로부터 인정받거나 수용되면 온화하고 조용한 감정으로 변화됩니다. 자기 자신조차 억제할 수 없이 치밀어 올랐던 격심한 감정도 다른 사람으로부터 인정받고 받아들여지게 되면 '자기의 일부'로 여겨져 자기 힘으로 감정을 다스릴 수 있게 됩니다. 그래서 심리학자 칼 로저스는 '무조건적 긍정적 존중 unconditional positive regard'을 주장했던 것입니다. 그런데 우리 교회에서는 감정 표현을 억제시키거나 감정 자체를 신앙생활에 도움이 안 되는 것으로 여겨서 많은 신자들을 힘들게 하는 오류에 빠지기도 했습니다. 감정 표현에 자유로우셨던 예수님께서 보시기에 안타까운 일일 겁니다.

　일본 사람들은 속내를 보이지 않는 것으로 유명합니다. 최근에 일본에서 체류 중인 지인의 말로는 일본 사람들의 이런 성향이 예전보다 더 심해졌다고 합니다. 왜 속내를 안 보이게 되었는지 이런저런 추측들이 많지만, 그중 하나가 오가작통법, 즉 서로 감시하게 하는 체제 때문에 생긴 것이라고 합니다. 그리고 이제는 그것이 몸에 배어서 부부 간에도 속을 보이지 않을 정도라고 합니다. 우리나라 사람들에 비해 일본 사람들은 휴대전화로 메시지를 주고받을 때에도 이모티콘 같은 건 별로 사용하지 않는다고 합니다. 자신의 감정이 드러나는 걸 꺼려하기 때문입니다. 이처럼 속내를 감추다 보니 심리 상담소도 흔치 않다고 합니다. 속내를 감추는 일본 사람들의 성향은 여러 가지 부작용을 불러왔습니다. 우선 육체적 통증입니다. 마음을 숨기고 억누르니 당연히 몸에 고장이 나겠지요. 그래서 일본에는 통증 클리닉이 많다고 합니다. 진통제도 발달되었고요. 다음으로는 심리적으로 위축되어 음산한 문화를 만들어 냅니다. 또 일본인들이 과잉된 어조로 호들갑을 떨듯이 말하는 것은 자신의 심리적 상태를 드러내고 싶지 않은 반작용일 수 있습니다. 일본인들의 이런 특징은 우리나라 사람들에게서도 나타납니다. 특히 집안 체통이나 남의 눈을 의식하는 사람들에게서 자주 드러납니다. 연세가 많으신 분들 중에는 젊은 세대에게 '자신의 속을 쉽게 보이지 말라'는 충고를 하기도 합니다. 영적인 침묵을 실천하는 것과 속을 감추며 사는 것은 전혀 다른 차원의 것입니다. 그런데도 이 두 가지를 혼동해 속내를 감추며 살다 보면 마음이 어둡고 탁해집니다. 주님께서는 우리가 어린아이처럼 되지 않으면 하느님 나라에 들어갈 수 없다고 하셨습니다. 이는 주님 앞에서는 속내를 감추고 딴 마음을 품지 말라는 뜻입니다.

마음의 균형이 맞아야
건강해요

　세상 안에 음과 양이 존재하듯이, 사람도 양면을 동시에 추구할 수 있는 통합적인 존재입니다. 스스로가 괜찮은 사람이라는 것을 인정하면서 한편으로는 자신을 개선하기 위해 부족한 면을 자각할 수 있는 존재인 것입니다. 이런 개념을 근거로 심리학자 마리사 해리슨은 '자기 인정도'와 '자기 개선도'의 정도에 따라 네 가지 인생 모델을 제시했습니다. '자기 인정도'는 자신에 대한 만족감 혹은 자신이 생각하는 자신의 장점을 말하는 것이고, '자기 개선도'는 반대로 자신에 대한 불만족스러운 정도나 단점을 말하는 것입니다.
　'자기 인정도'와 '자기 개선도'가 모두 높은 사람은 즐거운 마음으로 새로운 것을 배우고 경험하며 만족스러운 삶을 삽니다. 실수도 경험이라 생각해 툭툭 털고 일어나고, 다른 사람이 해 주는 조언이 마음에 들지 않아도 몸에 좋은 약은 입에 쓴 것이라며 받아들일 줄 압니다. 가장 건강한 유형의 사람으로, 직장에서도 누구나 함께 일하고 싶어 합니다.

다음으로 '자기 인정도'는 높은데 '자기 개선도'는 낮은 유형의 사람은 자신의 문제를 인정하려 하지 않기 때문에 고집스럽고 잘난 척하는 사람으로 비춰져 사람들에게 미움을 받곤 합니다. 이런 사람들은 다른 사람들이 자신의 의견에 반대를 하면 다른 사람들을 무지하다 무시하며 자신을 알아주지 않는 세상을 통탄합니다. 한마디로 세상 모든 사람들이 자신을 닮아야 한다는 생각에 빠져 있는 것이지요.

다음으로 '자기 인정도'와 '자기 개선도'가 모두 낮은 사람은 무기력해 보입니다. '나는 할 줄 아는 게 없어, 나 같은 게 뭐 잘 되는 일이 있겠어.'라는 말을 입에 달고 삽니다. 아무런 노력도 시도도 하지 않고 인생을 뭉개듯이 살기 때문에 주변 사람들을 짜증나게 합니다.

마지막으로 '자기 인정도'는 낮은데 '자기 개선도'는 지나치게 높은 사람들이 있습니다. 이들은 자기 인생과 다른 사람의 인생 모두를 피곤하게 하는 삶을 살 위험이 큽니다. '난 왜 이리 문제가 많을까, 나는 죄인이다, 구원받을 자격이 없다.'라고 생각하면서 밤낮없이 자기 개선만을 위해 애를 씁니다. 이런 유형에 속하는 사람들이 가장 많이 사용하는 말이 '채찍질'입니다. 자기 자신을 늘 채찍질로 몰아붙이며 사는 것입니다. 이런 사람들은 겉으로 보기에는 정도를 걷는 듯 보이지만, 그 속은 스스로에게 하도 두들겨 맞아서 만신창이가 되어 있습니다. 그들은 주변 사람들조차 쉬지 못하게 합니다. 대개의 경우 스스로를 들볶는 사람은 주변 사람들도 힘들게 하는 법입니다. 이런 구조는 대부분 어린 시절부터 형성된 것이어서 오래 입고 있던 옷을 벗어 버리는 것처럼 개선되기가 어렵습니다. 그렇다고 해서 방치해서도 안 될 문제이므로 사고 구조를 바꾸기 위해, 다시 말해 '자기 인정도'와 '자기 개선도'의 적절한 균형을 맞추기 위해 노력해야 할 것입니다.

마음의 균형을 잡는 것에서 중요한 다른 하나는 개인적이고 자연적인 본능과 사회가 요구하는 조건 사이의 적절한 조화를 이뤄 내는 것입니다. 사람은 끊임없이 이 두 가지 사이에서 갈등하게 됩니다. 이 둘 사이에서 균형을 잘 맞출 때 마음은 건강한 상태에 이르게 됩니다.

힘든 마음도
삶의 일부이지요

상담을 청하는 분들이 가장 많이 하는 말은 '사는 게 힘들어요.' 입니다. 생각해 보면 당연한 말입니다. 사는 건 힘든 일이지요. 모든 종교가 입을 모아 말해 오지 않았습니까. 사람의 삶에는 힘겨움이 산 너머 산처럼 나타난다고요. 그런데 힘겨운 삶을 더 힘들게 만드는 건 자기 자신일지도 모릅니다. '왜 나만 힘들어야 하지?'라는 생각에서 문제는 시작됩니다. 그 억울한 감정이 인생의 무게를 더해 주니까요. 주님께 기도할 때에도 왜 나만 미워하시냐고 호소합니다. 나만 억울하다고 하소연하기도 합니다. 일시적으로 그런 마음이 드는 건 충분히 인간적인 것이라 할 수 있습니다. 하지만 그런 생각이 만성적 습관으로 이어지는 것은 곤란합니다. 마음의 병을 키우게 되기 때문입니다.

인생은 멀리서 보면 희극, 가까이에서 보면 비극이라는 말이 있습니다. 이처럼 다른 사람의 삶도 나 못지않게 무겁고 힘겹습니다. 그러니 내 팔자만 사납다고 생각하지 마시고 지금의 이 힘겨움이 내 삶에 어떤 의미가 있는지 돌아보시기 바랍니다. 흔한 비유이긴 하지만 군 생활을 예로 들어 볼까 합니다. 군에 입대한 청년들은 일정 기간 동안 자유를 박탈당한 채 힘들고 낯선 삶 속으로 뛰어들어야 합니다. 개인차가 있긴 하지만 대부분의 청년들에게 군 생활은 생각만 해도 암담하지만 피할 수 없는 길고 긴 터널처럼 느껴집니다. 누군가는 하루하루 달력에 줄을 그으며 겨우겨우 버틸 겁니다. 반면 누군가는 피할 수 없는 그 시간들을 자기 삶의 일부로 받아들이고 가치 있게 활용하는 법을 터득합니다. 사람을 알아 가는 기회로 삼을 수도 있겠고, 체력을 단련하는 계기로 여길 수도 있습니다. 이런 사람은 제대 후에도 같은 태도를 유지합니다. 오히려 더 단단해져서 말입니다. 부정적인 생각을 가진 사람들은 편안한 것만 찾습니다. 반면에 긍정적인 생각을 가진 사람들은 어떤 상황에 처하든 의미를 찾고 가치 있게 활용합니다. 삶을 바라보는 시각에 따라 삶의 질이 현저히 달라지는 것입니다.

　'세상살이는 마음먹기에 달려 있다.'라는 말이 있습니다. 삶의 굴곡들이 나를 가로막을 때마다 우리는 좌절과 불안, 우울 등의 감정들을 느낍니다. 아주 극단적으로는 죽고 싶다는 생각에 이르기까지

합니다. 부정적 감정이 흘러넘쳐 가지 말아야 할 곳까지 퍼져 나가는 겁니다. 이럴 때일수록 마음의 통제 능력을 키워야 합니다. 나의 생각은 다른 사람이 어떻게 해 줄 수 있는 게 아닙니다. 오로지 나 자신만이 통제할 수 있습니다.

그렇다면 통제를 가능하게 하는 핵심 버튼이 무엇일까요? 바로 '의지'입니다. 마음먹기에 달려 있다는 말은 곧 의지의 힘을 이르는 것입니다. 하지만 웬만큼 강한 의지가 아니고는 부정적 감정을 통제하기 어렵습니다. 의지로 자신의 생각을 조절할 수 있는 사람은 그리 많지 않습니다. 이런 한계에 부딪혔을 때 필요한 것이 바로 신앙의 힘이겠지요. 하느님을 향해 깊은 신뢰심을 갖고 나의 약함을 고백하는 겁니다. 하느님께 모든 것을 맡길 때 우리는 우리의 부정적 생각을 통제할 수 있습니다. 신앙은 사람의 영혼을 살리는 명약이라고 하지 않습니까. 마음이 어수선하고 우울할 때 조용한 성당에 앉아 하느님을 떠올리면 마음이 차분해지는 경험은 누구나 하셨을 겁니다. 그 순간 성령이 우리에게 내린 것입니다. 성령은 우리가 모든 것을 맡기고 의지할 때 우리 안에 함께하십니다. 살아오면서 내게 닥쳤던 역경들을 하나하나 생각해 보고, 그때마다 어떻게 대응했는지, 마음속에서 어떤 생각들이 떠올랐는지 살펴보시기 바랍니다.

'그나마 다행이다'를 품고 살면
숨통이 트여요

사는 게 힘들다, 하느님이 정말 계신지 모르겠다, 차라리 죽고 싶다고 하는 분들을 만나면 마음이 참으로 착잡해집니다. 얼마나 힘들면 저런 소리를 할까 싶기도 하지만, 막상 어떻게 위로해야 할지 답답하기만 합니다.

사람이 고통을 겪어야 하는 이유를 두고, 불교에서는 업보의 결과라 하고 가톨릭에서는 우리를 더 강하게 하시기 위한 하느님의 계획으로 설명하곤 합니다. 하지만 정작 고통을 당하는 당사자들에게 이런 말들이 위로가 될 리 없습니다. 그들이 위기 상황을 벗어날 수 있도록 실질적인 방법을 제시하는 편이 더 나을 수도 있습니다.

상담 전문가들은 상담소에 찾아와 자신의 힘든 마음을 털어놓을 수 있는 것만으로도 아직 힘이 남아 있는 증거라고 평가합니다. 상담사는 물론이고 주변 사람 누구에게도 말을 하지 못하는 사람들도 많으니까요. 그런 사람들이 가장 안쓰러운 사람들입니다.

정신과 의사 빅터 프랭클은 자신의 말 못할 고민을 억누르며 사는 사람들을 위해 '의미 요법'이라는 심리 치료 기법을 소개했습니다. 유대인인 빅터 프랭클 박사는 아우슈비츠 수용소에서 살아남았습니다. 그것도 몸과 마음의 건강 상태를 크게 해치지 않고 말입니다. 놀라워하는 사람들에게 빅터 박사는 늘 지금 이 순간보다 더 최악인 상황이 닥치지 않아서 다행이라고 생각한 것이 자신을 버티게 한 힘이었다고 말했습니다. 이런 역설적 의도는 빅터 박사의 심리 치료 기법의 토대가 되었습니다.

역설적 의도란 원치 않는 상태를 회피하게 하는 것이 아니라, 오히려 그것을 의도적으로 과장해서 직면하게 한 후에 그 문제에서 벗어나게 하는 방법입니다. 쉬운 예를 몇 가지 들어 볼까요? 아이가 말을 듣지 않아 속을 썩일 때, 아이가 아픈 상황을 생각해 보도록 하는 것입니다. 그래서 '말은 좀 안 듣지만 건강한 게 얼마나 다행이야'라고 생각하도록 하는 방법이지요.

사람의 몸과 마음은 스트레스에 약합니다. 그런데 스트레스는 외부에서 오기보다 나 스스로 만드는 경우가 더 많다고 합니다. IMF 이후 많은 사람들이 직장을 잃고 단순 일용직으로 내몰렸습니다. 그중 '자신은 이런 일을 할 사람이 아닌데'라고 생각하며 스트레스를 받은 사람들은 더 많이 힘들어하는 모습을 보였다고 합니다. 반면 이런 일이라도 할 수 있어서 그나마 다행이고 감사하다고 여긴 사람들은 좀 더 긍정적인 결과를 만들어 냈다고 하지요. 지금 사는 것이 너무 힘들다고 생각되는 분들은 '그나마 다행이다'를 되새기며 우울이라는 함정에서 빠져나오시길 바랍니다.

바오로 사도가 테살로니카 신자들에게 보낸 첫째 서간에서 매사에 감사하라고 권유하신 말씀에서도 같은 맥락의 치유 메시지를 읽을 수 있습니다. 그나마 다행이라고 마음을 바꿔 먹는 것이 쉬운 일은 아닙니다. 하지만 의무적으로라도 훈련을 하다 보면 조금씩 숨통이 트이실 겁니다.

파도에 의연하게 맞서세요

 들쑥날쑥 요동치는 감정 때문에 마음이 고생스러울 때가 많습니다. 갈피를 잡지 못해 바람 앞의 촛불처럼 흔들리기도 하지요. 마음을 길들이는 일은 이렇듯 어려운 일입니다. 감정은 제 마음대로 되지 않는 파도와도 같으니까요.
 사람들은 늘 마음의 평온을 갈망합니다. 당연한 바람입니다. 어떤 것에도 흔들리지 않고 휘둘리지 않기를 바랍니다. 때로는 감정에 휩싸이는 자신을 지나치게 자책하거나 쓸데없이 거추장스러운 이 감정들을 모두 없애 달라는 기도를 하기도 합니다. 하지만 감정은 우리 바람대로 잘 가라앉지 않습니다. 애초에 그렇게 처리될 수 없는 복잡한 녀석입니다. 내적 세계와 외적 세계가 충돌하며 만들어지는 것이 감정인데, 충돌의 여파가 어찌 잔잔할 수 있겠습니까.

감정은 파도와 같다는 말을 다시 한번 강조하고 싶습니다. 파도는 수시로 그 모습을 바꿉니다. 잔잔했다가 험악했다가 슬며시 다가왔다가 매몰차게 몰아칩니다. 그때마다 허둥대고 피하며 절절매기보다는 여유를 갖고 다가오는 파도에 몸을 맡기고 파도의 흐름을 타 보십시오. 내게 다가오는 파도는 스스로의 노력만으로 어떻게 할 수 없는 경우도 많다는 걸 잊지 마십시오.

또 한 가지, 파도와 대화를 시도해 보십시오. 무엇인가 나에게 할 말이 있기 때문에 철썩철썩 요란을 피우는 것일 수도 있으니까요. 귀와 입을 열고 감정의 소리에 귀를 기울여야 합니다. 그러다 보면 어느덧 잔잔한 파도가 내 발등을 감싸고 지나갈 날도 있을 겁니다. 명심하십시오. 파도의 변화를 두려워하면 점점 더 소용돌이 속으로 휩싸이게만 된다는 것을요.

감정 중에서 가장 다루기 어려운 것은 분노입니다. 분노는 필요하면서 필요하지 않기도 한 감정입니다. 분노를 억누르는 사람들은 신경증에 걸릴 위험이 높아집니다. 분노를 억압하면 분출되지 못한 감정이 내면에 쌓이면서 소위 화병에 걸리게 됩니다. 그래서 심리 치료에서는 자기 안의 분노를 해소하고 화를 내라고 권장하는 것이지요.

그런데 그 분노가 끝을 모를 정도로 계속될 때가 있습니다. 그런 경우에는 심리 분석을 받아야 합니다. 마음 안의 깊은 상처를 찾고,

그 상처를 치유하는 치료를 받아야 합니다. 그리고 내가 과거에 다른 사람의 마음에 상처를 준 일이 없는지, 다른 사람들에게 말도 안되는 짓을 한 적은 없는지 살펴보아야 합니다. 어쩌면 나의 분노가 과거의 죄에 대한 보속의 의미를 가질 수도 있기 때문입니다. 하지만 그렇게 했는데도 불구하고 분노가 끝이 없이 올라올 경우, 그래서 기도도 하기 싫고 일상생활도 어려울 정도일 경우에는 그것이 심리적인 문제가 아니라 영적인 문제라는 인식을 하는 것이 중요합니다. 즉 하느님과 사람을 멀리한 채 고립되어서 증오감에 파묻히길 바라는 악의 세력의 유혹은 아닌지 의심해 보아야 한다는 것입니다. 그런 때에는 기도하면서 내 안의 분노에 불을 지피는 악의 존재를 쫓아내야 합니다. 혹은 주님과 성모님을 바라보면서 그냥 앉아 있는 시간을 갖는 것도 좋습니다.

분노만큼 다루기 힘든 감정이 우울감입니다. 우울감은 아침부터 밤까지 칭얼대는 아이처럼 따라다닙니다. 이러한 우울감을 약하게 하는 방법은 나보다 훨씬 더 힘들었지만 그래도 잘 견딘 사람들을 생각해 보는 것입니다. 링컨이나 처칠 같은 사람들은 평생을 우울증에 시달리면서도 많은 사람들에게 존경받는 삶을 사셨지요. 이런 분들을 생각하면 내 안의 우울한 생각들이 움찔 물러나는 느낌이 듭니다.

우울을 떨쳐 내는 또 다른 명약은 박장대소입니다. 우울한 생각은 얼굴을 찌푸리면 더 심해집니다. 우울한 생각이 들수록 박장대소를 하면 먼지가 떨어져 나가듯이 우울한 생각들이 나가 떨어집니다. 내 안에서 올라오는 우울함에게 야단을 치는 것도 좋은 방법입니다. '내 안에서 나가!'라고 혼을 내는 것이지요. 이것을 '겟 아웃get out 요법'이라고 하는데, 의외로 효과가 큽니다.

어떤 분이 이런 말씀을 하더군요. 역경을 반대로 읽으면 경력이 된다고. 우울한 시기는 내 인생에 경력이 생기는 기간이지요. 거꾸로 살아 보세요. 실제로 물구나무를 서 보는 것도 좋은 방법입니다. 마음뿐만 아니라 몸을 거꾸로 돌려 세상을 보는 순간 신기하게도 세상이 조금 달리 보일 수 있습니다.

변덕이
죽 끓듯 하나요?

- 만성적인 공허감과 지루함을 호소한다.
- 쉽게 우울해하고 불안정하며 절망감, 무력감을 호소한다.
- 지나치게 감동하거나 반대로 무감동하다.
- 동일한 사람이나 사건에 대하여 감정의 기복이 심하며 변덕스럽다.
- 자기 파괴적이고 충동적 행동을 한다.
- 분노 발작이 있다.
- 반복되는 자살 제스처를 취한다.
- 타인을 과대평가했다가 과소평가하기를 빠르게 반복한다.
- 타인에게 의존적이며 애정과 관심을 추구하지만 정작 타인을 신뢰하지 못한다.

- 자기 파괴적 행동으로 타인을 조정하려 한다.
- 다른 사람들이 자신을 공정하게 대하지 않는다고 불평한다.
- 홀로 있는 시간을 견디지 못한다.
- 타인을 쉽게 의심하며, 일시적으로 편집증[1]적 증세를 보인다.

위의 항목에 해당하는 면이 있다면, 자신의 상태를 인지하고 왜곡된 성격을 바로잡는 훈련을 하는 것이 좋습니다. 훈련의 방법은 단순합니다. 첫째, 불편함을 참는 법을 배워야 합니다. 세상에는 자기 마음에 안 드는 사람이나 상황이 많습니다. 하지만 사람은 누구나 세상 속에 섞여 살아야 합니다. 그러니 참는 연습을 해야 합니다. 싫어도 불편해도 참는 연습을 하다 보면 내 안의 삐딱한 시선이 조금씩 바로잡힐 것입니다. 둘째, 인내심을 길러야 합니다. 세상 모든 일이 당장 내가 원하는 대로 흘러가지 않습니다. 조급함은 화만 키울 뿐입니다. 셋째, 억지로라도 감사할 일을 찾고 그것에 대해 묵상하는 시간을 갖는 게 좋습니다. 이렇듯 불편함을 견디는 훈련을 통해 내면의 왜곡을 잘 다스린 분들의 얼굴에선 평온함이 자연스럽게 흘러나옵니다.

---

[1] 대상에게 저의가 있다고 판단하여 끊임없이 자기중심적으로 해석하는 증상

앞에서 언급한 왜곡된 성격에 대한 항목들을 가만히 보면, 대체로 변덕스러운 성향이 공통적으로 드러난다는 걸 알 수 있을 겁니다. 동일한 사람이나 사건에 대하여 감정의 기복이 심하거나, 타인에 대한 과대평가와 과소평가를 빠르게 반복하는 등의 특징이 특히 그렇지요. 이렇듯 변덕이 죽 끓듯 하는 사람을 보면 어떻습니까? 스스로도 고단하겠지만 주변 사람도 어디에 장단을 맞춰야 할지 몰라 허둥대다가 상처를 받습니다. 그렇다면 변덕이란 감정은 왜 생기는 걸까요?

사람의 눈은 둘입니다. 하나는 육신의 눈이고, 다른 하나는 마음의 눈입니다. 이 중에서 마음의 눈이 문제를 일으키는 주범입니다. 육신의 눈은 현상을 있는 그대로 보는 것에서 그칩니다. 하지만 마음의 눈은 내 눈에 보이지 않는 것까지 보느라 말썽입니다. 기분이 그럭저럭 좋다가도 갑자기 곤두박질치는 경우, 외적 대상에게서 과거에 나를 불쾌하게 만든 대상이 겹쳐 보였기 때문입니다. 마음의 눈이 보이지 않는 것까지 끄집어내서 본 것입니다. 문제는 이 대상이 허상임을 깨닫지 못하고 마음 안에 오랫동안 머물게 하다 보면, 처음에는 비현실적이던 것이 나중에는 현실처럼 여겨진다는 것입니다. 외적 대상에 대한 감정이 복잡하게 엉켜 있을 경우, 허상에 분노하는 마음이 오랫동안 풀리지 않습니다.

이렇게 마음이 풀리지 않을 때에는 내 안에 존재하는 다른 존재를 불러들여 허상을 내몰아 버리는 게 도움이 됩니다. 나를 행복하게 해 주었던 존재로 말입니다. 기도를 통해 하느님 혹은 성모님을 내 마음 안에 초대하면 마음의 평안을 찾는 데 큰 도움이 됩니다. 늘 기도하는 분들이 안정감 있어 보이는 것은 바로 이런 이유 때문입니다. 신자가 아닌 분들은 자신을 가장 기분 좋게 해 주는 사람의 사진을 눈에 보이는 곳에 두거나 가지고 다녀 보십시오. 사람의 마음은 무엇을 바라보느냐에 따라 달라집니다. 경치 좋은 곳에서 화를 내는 것은 마음의 눈이 경치를 보지 못하고 자기를 화나게 하는 대상을 생각하고 있어서입니다.

단점은 털어놓고
장점은 키워 보세요

사람은 누구나 장점과 단점을 가지고 살아갑니다. 그런데 장점은 하나도 없이 단점만 한가득이라 생각하며 사는 사람들이 의외로 많습니다. 특히 열심히 신앙생활을 하는 신자들 중에 유독 많습니다. 이런 사람들은 자신의 단점을 고치는 데에만 무진 애를 씁니다. 이런 사람들에게 몇 가지 조언을 드리려 합니다.

첫째, 단점은 구태여 숨길 필요가 없습니다. 내가 아는 단점은 이미 다른 사람들도 다 알고 있기 때문입니다. 그래서 차라리 자기 단점을 스스로 이야기하는 것이 좋습니다. 이것을 일컬어 '접종 이론'이라고 합니다. 자기 결점을 스스럼없이 털어놓으면 그것을 자주 접하는 사람들이 '저 사람은 원래 저래.' 하면서 그러려니 하고 넘어가 준다는 것입니다. 나는 어떤 것을 잘하지 못한다고 공공연히 말하고서 하지 못했을 때와 그것을 숨겼는데 결국 하지 못했을 때 사람들이 보이는 반응은 전혀 다릅니다. 자신의 단점을 솔직하게 시인하고 고치려는 노력을 보이면 사람들은 비난을 멈추고 기다려 줍니다. 그러나 억지로 숨기면 놀림감이 됩니다.

둘째, 자기 단점을 냉소적으로 바라보지 말고 유머러스하게 대해야 한다는 것입니다. 냉소란 비난이고, 유머란 함께하는 마음입니다. 어느 나라에선 자신의 실수를 유머러스하게 이야기해서 사람들을 즐겁게 하는 자질도 지도자의 덕목 중 하나로 여긴답니다.

단점이 없는 사람은 아무도 없습니다. 문제는 자신의 단점을 어떻게 다루는가 하는 것이지요. 무작정 고치거나 바꾸거나 없애려고 한다면 자신의 단점을 유머의 소재로 활용하지 못할 뿐만 아니라, 자신의 단점을 거론하는 사람을 용서하지 못하게 됩니다. 그리고 한사코 자신의 단점을 숨기려고만 하는 위선자가 됩니다. 자기 단점을 인정하고 이해하며 단점과 재미있는 대화를 나누십시오. 그래야 마음의 여유, 자신의 실수에 대한 여유가 생기게 됩니다.

단점에 너무 집착하지 마십시오. 긍정 심리학에서는 단점을 찾아서 고치려 너무 애쓰지 말고, 자신의 최대 장점을 키우면서 자기를 발전시켜 나가야 한다고 권합니다. 자신의 장점을 개발한다면 자신이 살고 있는 '지금'에 몰입하게 되고, 더욱 행복하고 충실한 삶을 살 수 있게 됩니다. 심리학자 마틴 셀리그만 교수는 우리가 가장 잘하는 일을 할 때에 느끼는 행복이 가장 완전한 행복이라고 했습니다. 단점은 장점을 키울 때 작아지는 것입니다.

하지 말아야 할 것보다는
해야 할 것에 마음을 쓰세요

우리는 살아가면서 크고 작은 결심들을 합니다. 결심의 종류를 크게 두 가지로 나누어 보면, 하지 말아야 할 것에 대한 결심과 해야 할 것에 대한 결심으로 나눠 볼 수 있을 겁니다. 그런데 많은 사람들이 해야 할 것에 대한 결심보다 하지 말아야 할 것에 대한 결심에 더 집착하곤 합니다. 더 나은 사람이 되기 위해 부족한 것을 채우는 것도 중요하지만, 불필요한 것을 덜어 내는 것이 더 시급하다고 생각하는 것일 수 있겠지요.

그런데 사람의 마음속 에너지의 양은 한정적입니다. 그렇기 때문에 하지 말아야 할 것에만 지나치게 노력을 기울이다 보면 에너지 소모가 심해서 마음이 쉽게 지칩니다. 게다가 하지 말아야 할 것을 하지 않는 게 생각처럼 그렇게 쉬운 일인가요? 무언가를 하지 말아야겠다고 생각하면 더 하고 싶어지는 게 사람 마음인데 말입니다. 무리한 시도는 자칫 부작용을 낳기도 하지요. 가장 흔한 예로 금연이나 다이어트를 들 수 있습니다. 억지로 무언가를 끊어 내려 하다가 오히려 더 큰 수렁에 빠지게 되기도 합니다. 더 많은 양의 흡연을 한다거나 요요 현상을 겪게 되는 것처럼 말입니다. 그러므로 끊어 내고 싶은 것이 있다면 좀 더 자연스러운 방법을 찾는 게 현명합니다. 천천히 조금씩 멀리하거나 대체 방법을 찾는 것도 좋을 겁니다.

하위 욕구에 해당하는 먹고 마시는 등의 행위는 끊기도 어렵고 부작용도 발생합니다. 때문에 너무 극심한 스트레스를 받으면서까지 한꺼번에 끊어 내려고 애쓸 필요는 없습니다. 오히려 상위 욕구, 즉 더 좋은 것에 마음을 쓰는 것이 낫습니다. 하지 말아야 할 것에 연연하기보다는 지금 내가 할 수 있고 해야 할 것에 마음을 쓸 때 자존감도 높아지고 욕구의 등급도 올라갈 것입니다. 무엇보다 우리 안의 에너지를 생산적으로 사용할 수 있을 겁니다.

마음속 어린아이를 끌어안고 실컷 우세요

　강의를 하게 될 때마다 청중들에게 어린 시절을 떠올려 보고 내 마음속의 어린아이와 대화를 나누라고 말씀드립니다. 자기를 이해하고 자학을 중단하기 위한 가장 좋은 방법이기 때문입니다. 잘 안 된다고 하는 사람도 있고, 나름대로 대화가 된다는 사람도 있습니다. 잘 안 되는 사람은 그동안 자기 자신을 잘 돌보지 않아서 그런 것입니다. 오랫동안 자신을 방치했다가 갑작스럽게 부르니 내 마음속의 아이inner child가 반응하지 않는 것이지요.

　자신의 어린 시절을 생각하면 눈물을 멈출 수가 없다는 사람들이 있습니다. 머리로는 이래서는 안 되는데 하면서도 쏟아져 내리는 눈물을 어찌할 수 없다고 합니다. 사람의 마음속에는 누구나 상처 입은 아이가 있습니다. 어린 시절 성장 과정에서 부모나 형제,

친척, 친구, 선배, 선생님들로부터 받은 상처가 아물지 않은 어린아이가 살고 있습니다. 이 아이를 내 마음속의 아이, 혹은 '내면아'라고 부릅니다.

우리가 어린 시절을 이야기하거나 내 마음속의 어린아이를 생각할 때, 기막힌 심정이 되어 눈물이 쏟아져 내리는 것은 상처가 온전히 치유되지 않았기 때문입니다. 그런 때는 어떻게 해야 할까요? 답은 단순합니다. 그저 한없이 울어야 합니다. 머리에서는 이러면 안 되는데 하더라도 눈물이 나는 대로 그냥 두는 편이 좋습니다. 눈물은 날 만큼 나다가 그치게 마련이니까요.

눈물을 흘리는 것은 매우 건강한 행위입니다. 그것은 상처 입은 내 마음속의 아이가 본능적으로 하는 한풀이입니다. 또 그것은 마음에 힘이 생기도록 하는 자기 수련법입니다. 그런데 도저히 울 수가 없다고 하는 사람도 있습니다. 어린 시절 자신이 우는 것을 아무도 들어 준 기억이 없는 사람, 혹은 울었을 때 누가 달래 준 것이 아니라 오히려 호되게 야단을 맞은 사람은 우는 것을 잘하지 못합니다. 그리고 이런 사람들은 자기 아이가 울면 못 견뎌하고, 화를 내는 경우가 많습니다. 어린 시절에 당한 대로 하는 것입니다.

울음이 그치지 않거나 혹은 도저히 울음이 나오지 않는다면 대부분 자기 마음을 제대로 돌보지 않은 사람들입니다. 지금이라도 늦지 않았으니 내 마음속의 아이에게 편지를 보내거나 말을 걸어 보십시오. 기도를 하실 때도 같이 하시고, 감정이 좋지 않을 때는 야단치지 마시고 가만히 옆에 앉아 있어 주십시오. 그렇게 내 마음의 소리를 듣고 위로해 주어야 마음 안의 흔들리는 감정이 가라앉게 되고, 다른 사람들의 흔들리는 감정을 이해하면서 들어줄 수 있습니다. 그럴 때 비로소 다른 사람들에게 매달리지 않게 됩니다. 내가 내 마음을 돌보기 시작하면 마음에 힘이 생깁니다. 그리고 마음에 힘이 생기면 굳이 남들에게 아쉬운 소리를 해야 할 일이 없어지고, 다른 사람들 때문에 상처받았다고 화를 낼 일도 줄어듭니다. 그래서 남의 마음을 돌보기 전에 자기 마음부터 돌보라고 하는 것입니다. 이것이 건강한 삶의 첫걸음입니다.

울 때 울 줄 아는 사람이
건강합니다

　마음의 건강을 위해서는 눈물이 필수입니다. 울어야 하는데 울지 못할 때 마음의 병이 생긴다고 합니다. 실컷 울고 나면 치유가 되는데, 내가 우는 것을 받아 주는 사람이 없어서 울지 못할 때, 그것이 가슴에 응어리가 되어 남아 있다가 마음의 병을 만드는 것입니다. 우리는 태어나기 전부터, 그러니까 어머니 태중에 있을 때부터 지금까지 참으로 많은 한을 가슴에 품고 살아왔습니다. 여러분의 마음을 잘 들여다보십시오. 여러분의 마음은 몇 살입니까? 아마도 아주 작은 어린아이일 겁니다. 아직도 마음이 어디엔가 매달려서 크지 못하고 있는 것을 보시게 될 겁니다. 어린 시절을 생각할 때 눈물이 나려고 하는 것은 내 마음이 아직도 그곳에 머물고 있기 때문입니다.

마음이 그 자리를 떠나 좀 더 크게 하려면 어떻게 해야 할까요? 그 아이를 붙잡고 실컷 울게 해야 합니다. 속이 풀리도록 울게 해야 합니다. 아기들을 보면 울다가 자다가 울다가 자다가 합니다. 우리도 그렇게 해야 합니다. 그렇게 해서 마음의 한을 풀어야 마음의 힘이 생깁니다. 이렇게 말하면, '저 신부는 이상해. 언제는 웃으라더니 지금은 또 울래. 나보고 뭘 어쩌라는 거야.'라는 생각이 들 수도 있습니다. 그러나 울고 싶을 때 울고, 웃고 싶을 때 웃는 것이 사람의 마음입니다. 그러니 울고 싶을 때 실컷 울고, 웃고 싶을 때 실컷 웃으라는 말씀입니다.

자기 마음을 야단치지 마십시오. 마음이 가는 대로 같이 가 주십시오. 울고 싶을 때 울면서 같이 가 주십시오. 아이들 중에 목 놓아 자기 설움을 터뜨리는 아이들이 있습니다. 그런 아이들은 마음이 아주 건강합니다. 울지 못하고 자라난 아이들은 어른이 되어서도 우는 아이를 보면 아주 싫어합니다. 우는 아이를 보면 왠지 화가 납니다.

살면서 까닭 모를 서러움이 북받쳐 오르는 것은 과거에 풀지 못한 한이 있다는 증거입니다. 때문에 그럴 때는 십자가를 부여잡고 울거나 이불을 뒤집어쓰고 울어 보세요. 내가 왜 우나 하는 생각이 들 때까지 울고 털고, 울고 털고 해 보십시오. 이것이 건강한 사람의 기도입니다.

마음의
힘을 빼세요

 일이 뜻대로 되지 않는다고 속상해하는 사람들에게 마음을 비우라는 말을 하곤 합니다. 그러나 마음이란 것이 그리 만만하게 내 의지대로 움직여 주는 것이 아닙니다. 사람의 마음속 무의식 안에는 수많은 욕구가 내장되어 있어서 그것을 다 비운다는 것은 불가능한 일입니다. 무의식은 바다 이상으로 큰 공간인데, 그 넓고 깊은 바다를 비운다는 게 애초에 말이 되지 않기도 합니다.

 일반적 수준에서의 마음 비움은 욕구를 내려놓고 힘을 뺀 상태를 말합니다. 운동선수가 승부에 너무 집착하면 몸에 힘이 들어가 시합을 더 망치듯이, 지나치게 욕구에 집착하다 보면 시야가 좁아져서 눈앞에 놓인 것도 보지 못하게 됩니다. 그래서 욕구에서 눈을 떼고 잠시 몸의 힘을 빼라고 하는 것입니다. 눈에 불을 켜고 산삼을 찾을 때는 못 찾다가, 포기하고 하산할 때에 산삼을 발견하는 것이 그 좋은 예가 되겠습니다. 하지만 마음을 비운다는 말 자체가 때로는 사람들에게 심리적 부담감을 주는 부작용을 만들어 내기도 합니다. 아무리 비우려고 해도 구정물처럼 올라오는 욕망에 절망해서 자기를 심하게 비하하거나, 혹은 자기의 욕망은 마귀가 준 것이라고 하면서 자기 분열을 꾀하는 경우도 생기니까요. 어떤 사람은 그러다가 아예 영적인 것, 환상적인 것에 집착해서 세상과는 동떨어진 삶을 살기도 합니다.

그러나 마음을 편안하게 만드는 게 불가능하지는 않습니다. 마음 안의 온갖 것들을 해소해 나감으로써 어느 정도는 편안하게 만들 수 있다는 말입니다. 하지만 아무리 노력해도 무의식 안의 것들이 완전하게 해소되는 것은 불가능합니다. 그리고 그런 불완전함이 인간의 본질이기도 합니다.

그러니 마음을 모두 비우고 내적인 유혹을 이겨 냈다고 호언장담하는 사람을 만난다면, 그들을 대단하다고 여기면서 열등감을 느낄 필요가 없습니다. 그렇게 말하는 사람들은 허풍쟁이들입니다. 사람의 마음속에는 깊게 박힌 욕구의 뿌리들이 있어서 욕망으로부터 쉽게 벗어나기 어렵습니다. 나이가 들면서 어떤 욕구들은 약해지기도 하지만 대신 다른 욕구들이 그 자리를 채웁니다. 예를 들어, 젊어서는 이성에 흔들리다가 나이가 들면 재물에 흔들리고, 더 나이가 들어 기운이 떨어지면 명예욕에 빠집니다. 그렇다고 해서 재물과 이성에 대한 욕망이 사라진 것도 아닙니다. 그저 상대적으로 약해졌을 뿐입니다. 사람은 죽을 때까지 욕망하는 존재이니까요. 로마 시인 오비디우스는 "사람은 인생에서 더 선한 것들을 보고 인정하면서도 더 악한 것을 따른다."라고 말한 바 있습니다. 이렇듯 사람의 의지는 항상 선한 것을 추구할 정도로 그리 강하지 못합니다. 이런 인간의 내면에 대해 영성 심리학자들은 이렇게 말합니다. "우리 마음에는 변하고자 하는 마음과 그러고 싶지 않은 마음이 항상 같이 살고 있다. 소싸움에서 힘이 비슷한 두 마리 소가 머리를 맞대고 부딪치며 힘을 겨루는 것처럼, 우리 마음속 두 가지 의지도 아무 데도 가지 못한 채 제자리를 맴돌며 피를 흘린다." 이는 내적 변화가 얼마나 어려운지를 단적으로 표현한 말입니다. 그렇다면 선한 의지와 그렇지 못한 의지가 끊임없이 충돌하는 인간이란 존재가 어떻게 세상을 살 만한 곳으로 만들 수 있을까요? 그것은 인간이 인간다움을 잃지 않으면 가능합니다. 인간이 인간답다는 것은, 설사 어떤 부정적인 유혹을 느낀다고 하더라도 모든 것을 실제 행동으로 옮기지는 않는다는 것을 말합니다. 그렇기 때문에 세상은 또 그런대로 돌아가는 것이겠지요.

마음이 건강해지고 싶다면
철학과 친해지세요

신학교에서는 신학을 공부하기 전에 먼저 철학을 배웁니다. 철학적 인간학, 형이상학, 존재론 등 그리스, 중세, 근대 철학들을 배웁니다. 그렇게 배운 철학을 본당 사목을 하면서 써먹을 일은 없습니다. 그런데도 신학교에서는 철학 과목을 폐지하지 않습니다. 그리고 신학교뿐만이 아니라 일반 사회에서도 철학을 공부해야 한다는 바람이 불고 있습니다.

왜 우리는 철학을 공부해야 할까요? 철학이 마음 건강과 관련이 있기나 할까요? 의아하게 들리겠지만 관련이 깊습니다. 철학적인 사고를 해야 자아 정체감이 생기고, 그것이 생겨야 마음의 힘이 생기고, 자신감과 자존감이 생깁니다.

살다 보면 나는 누구인가, 혹은 나는 왜 사는가와 같은 철학적인 질문을 할 때가 있습니다. 주로 일이 잘 풀리지 않을 때 그런 생각을 합니다. 인생을 살다 보면 유난히 이런 생각에 빠질 때가 있습니다. 일과 일상에 치여서 정신없이 살다가 어느 날 중년의 나이가 되면, 나의 인생이 과연 나를 위한 인생인가 하는 의문을 제기하게 되곤 합니다. 상황에 따라 다르긴 합니다만, 사회생활을 하지 않는 전업주부들의 경우 내가 밥하는 기계인가 싶어 회의에 빠지고, 남자들은 힘겨운 사회생활에 비틀대며 내가 돈 버는 기계냐며 고충을 토로하지요. 주위에선 배부른 고민 혹은 개똥철학이라고 비웃지만, 당사자에게는 심각한 문제이고 심리학적으로도 중요한 부분입니다. 왜냐하면 사람은 자신이 누구인지, 무엇을 위해서 살아야 하는지 모를 때 가장 취약한 상태에 빠지기 때문입니다.

자아가 약하면 사물을 보는 시야가 좁아지고, 세상을 흑과 백의 이분법으로 본다고 합니다. 자기가 하고 싶은 일과 할 수 있는 일을 구분하지 못하기도 합니다. 그래서 무모하게 사업을 벌이거나 남들의 말에 들떠서 능력에 넘치는 일에 손을 댑니다. 또 자아의 기반이 약하면 만사를 부정적으로 보고, 쉽게 권태를 느끼게 됩니다.

반면 자아가 강한 사람은 어떨까요? 너 자신을 알라는 말로 유명한 철학자 소크라테스는 크산티페라는 악처를 둔 것으로도 널리 알려졌지요. 어느 날 소크라테스가 손님과 대화하는데 크산티페가 버럭 화를 내더랍니다. 그러다가 느닷없이 남편의 머리 위에 물을 끼

없습니다. 놀란 손님이 괜찮으시냐고 묻자 소크라테스는 이렇게 대답했답니다. "뇌성이 치면 소나기가 오기 마련입니다." 과연 철학자다운 반응인데, 소크라테스의 내면이 얼마나 단단하게 자리를 잡았는지 알 수 있는 대목입니다.

  자신의 정체성을 깨닫고 나면 마음의 힘이 생기고, 웬만한 일에는 흔들리지 않게 됩니다. 그래서 심리학자들은 너무 쉬운 책만 보지 말고 가끔은 머리가 아플 정도로 심각한 책을 보거나 자신의 존재에 대해 깊이 생각해 보라고 권합니다. 물론 우울증에 빠질 정도로 심각해지라는 것이 아니라, 자기 삶의 방향을 정리할 정도로만 시도해 보라는 것입니다. 이렇게 자신이 누구인지 생각해 볼 때 하느님께 드리는 기도도 자연스레 우러나오게 됩니다.

삭혀야 맛있는 게 있고,
삭히면 쉬는 게 있죠

참을 인자 셋이면 살인도 면한다고 하지요. 하지만 참는 것만이 능사는 아닙니다. 인내에는 두 가지 요소가 포함되어 있습니다. 하나는 병을 낫게 하고, 다른 하나는 병을 만듭니다.

병을 낫게 하는 인내란 어떤 것일까요? 종종 사람의 마음을 밭에 비유하기도 합니다. 밭에 씨를 뿌린 뒤 결실을 거두기까지는 오랜 기다림이 소요됩니다. 또 사람의 마음을 밥솥 같다고도 합니다. 밥솥 안에 쌀을 넣었으면 익을 때까지 참고 기다려야 합니다. 이처럼 사람의 마음이 성숙해지기 위해서는 참고 기다리는 시간이 필요합니다.

하느님께서 만물을 창조하시고 난 후 무엇을 하셨습니까? 안식일을 정해서 쉬셨습니다. 쉰다는 것은 기다린다는 것을 의미합니다. 따라서 어떤 결실을 거두기 위해서 참고 기다리는 것을 건강한 인내라고 합니다. 반면 병적으로 참는 것은 어떨까요? 자신의 감정을 드러내지 않고 그저 꾹꾹 눌러 참는 것을 말합니다. 그래서 속병에 걸리고, 화병에 걸리게 만드는 것을 병적인 인내라 합니다. 몸 여기저기가 아파 병원에 갔는데 의사로부터 그저 신경성이라는 진단만을 받는 사람들이 있습니다. 이중 대부분의 사람들은 겉으로 착한 사람들입니다. 하지만 그 마음은 불에 탄 집처럼 검게 그을린 경우가 많습니다. 자신의 감정을 참고 누르고 삭히다 보니 속이 다 탄 것이지요. 인내는 분명 마음을 치유하는 방법 중 하나이지만, 참는 것만으로는 해결되지 않습니다. 내가 참는 것이 앞으로의 좋은 결실을 위해서인지, 그저 미련한 행동인지를 잘 구분하셔야 진정한 내적 성장을 이룰 수 있습니다.

웃어요,
웃어 봐요

 가톨릭 신자들 중에는 유난히 마음의 병에 걸린 사람이 많다고 합니다. 주된 이유는 감정 표현을 조심스러워 하고 삼가기 때문이라고 합니다. 그중에서도 웃음에 지나칠 정도로 인색한 우리의 신앙 방식 때문에, 마음의 병을 고치는 것이 아니라 더 깊게 만드는 경우도 허다합니다. 물론 종교적인 경건성 안에서 내적인 기쁨을 찾기도 하지만, 우리의 경우에는 경건성이 아닌 경직성이 심해서 문제입니다.

 사람의 마음을 치유하는 데 웃음만큼 중요한 것은 없습니다. 미국의 언론인 노먼 커즌스는 "폭소란 내면의 조깅"이라고 말했습니다. 노먼은 어느 날 척추의 관절과 인대가 점점 굳어 가는 강직성 척추염에 걸렸습니다. 그리고 병이 나을 확률이 500분의 1이라는 진단을 받았습니다. 하지만 그는 포기하지 않았습니다. 그는 재미있는 영화를 보고, 재미있는 이야기를 듣고, 웃음을 터뜨리는 시간을 늘리면서 회복되었다고 합니다. 그는 "나는 10분 동안의 폭소가 고통 없이 2시간 동안 잘 수 있는 마취 효과와도 같다고 생각한다."라고 했습니다.

웃음의 효과는 의학적으로도 근거가 입증되었습니다. 웃음은 근육의 긴장을 풀어 주고, 심장이나 혈압에 긍정적인 효과를 미친다고 합니다. 그리고 웬만한 정신적 질병은 거의 다 낫게 합니다. 영성적으로도 마찬가지입니다. 웃음은 마음의 그릇을 키우는 기능을 합니다. 많이 웃는 사람들은 포용력이 좋습니다. 반면 웃음에 인색한 사람들은 상대적으로 마음이 많이 닫혀 있을 수 있습니다.

어느 영성가가 "하느님을 만날 때 우리는 하느님이 주신 인생의 즐거움을 제대로 즐기지 못했기 때문에 책임 추궁을 당할 것이다. 그때서야 우리는 자신이 받은 선물을 제대로 사용하지 않았다는 것을 알게 될 것이다."라고 말한 것은 의미심장합니다. 웃음이 적은 사람은 살아가면서 즐거움을 찾아내는 힘이 부족합니다. 웃음이야말로 주님이 주신 선물을 알아볼 수 있는 힘을 길러 줍니다.

제 2 장

살아내기

그저 배움의 과정일 뿐이라고
생각하세요

　인생이란 무엇일까요? 수난이라고 생각하십니까? 어떤 단체의 기도문 중에 인생이 '귀양살이'로 표현되어 있는 걸 본 적이 있습니다. 사는 것이 얼마나 힘들면 인생살이를 귀양살이라고까지 했을까 하는 생각이 들긴 합니다만, 수많은 신자들이 외우는 기도문에 그런 문구를 집어넣고 암송한다는 것이 썩 좋아 보이진 않았습니다. 인생을 귀양살이에 비유하게 되면 당연히 모든 인간이 죄인이란 말이 되고, 하느님은 인간에게 귀양살이라는 벌을 내리는 심판자가 되는 것이니까요. 그렇게 되면 모든 것을 자비로움으로 받아 주시는 하느님은 존재하지 않는다는 뜻으로도 해석될 수 있기에 불편한 마음이 들었습니다.

　우리에게 주어진 인생이 무엇인가에 대해 깊이 생각해 보는 것은 참으로 중요합니다. 왜냐하면 내가 가진 인생관에 의해서 내 마음의 행복과 불행이 결정되기 때문입니다. 예컨대 내 인생의 행복은 오로지 큰돈을 버는 것이라고 한다면, 돈을 벌 때는 행복하지만 돈이 벌리지 않을 때는 불행합니다. 또 내 인생의 행복은 오로지 자식들을 잘 키우는 것이라고 한다면, 자식이 공부 잘하고, 착하고, 자기 앞가림 잘할 때에는 행복하지만, 그렇지 못한 경우에는 불행의 구렁텅이에 빠지게 됩니다. 따라서 내가 보다 더 행복해지기 위해서는 좀 더 고차원적인 인생관을 가질 필요가 있습니다.

그러면 우리가 행복과 불행의 한계에 덜 부딪히며 살 수 있는 인생관은 무엇일까요? 인생을 '배움의 장'이라고 생각하는 것입니다. 인생을 '배움의 장'이라고 생각하는 것이 사람의 마음을 덜 불행하게 만드는 이유는, 배움을 얻는다는 것은 삶을 완벽하게 만드는 것이 아니라 삶을 있는 그대로 받아들일 줄 아는 훈련을 하는 것이기 때문입니다. 이러한 태도가 몸에 습득된 사람들은 삶이 불완전하다는 것을 심리적으로 즐길 줄 알게 됩니다. 인생을 무언가를 이뤄야 할 발판으로 보기보다는 무언가를 배워 나가는 배움의 장으로 생각할 때 우리의 마음은 좀 더 편안해집니다. 실수나 실패를 했을 때에 심하게 마음의 상처를 입지 않기 때문에 그런 것입니다.

어떤 영성가가 이런 말을 했습니다. "우리는 저마다 배움을 얻기 위해 이 세상에 왔습니다." 내가 배워야 할 것이 무엇인지 알려 줄 수 있는 사람은 아무도 없습니다. 오로지 나 혼자만의 여행인 것입니다. 배움을 얻는다는 것은 다른 사람이 아닌 자기 자신의 인생을 사는 것을 의미합니다. 갑자기 더 행복해지거나 부자가 되거나 강해지는 것이 아니라, 세상을 더 깊이 이해하고 자기 자신과 더 평화롭게 지내는 것을 의미합니다. 삶의 의미를 깊이 이해하지 못한 채 잘못된 길을 따르다 보면 삶의 의미 따위는 없어지고 행복은 그저 환상에 불과하다고 여기게 됩니다.

목표 없는 삶은
앙꼬 없는 찐빵이죠

"예수님은 어떤 사람들을 당신 제자들로 뽑으셨나요?" 제가 가끔씩 받는 질문입니다. 답은 여러 가지입니다만, 제가 생각하는 답은 자기 인생의 목표를 가진 사람을 뽑으셨을 거라는 것입니다. 누구나 인생의 목표가 있을 것 같지만, 실제로는 목표 없이 사는 사람들이 참으로 많습니다. 사람에게 인생의 목표가 있고 없고는 상당히 중요합니다. 인생의 목표가 있는 사람은 시간이든 무엇이든 모두 아껴 씁니다. 그리고 모든 것을 자기 목표를 달성하기 위한 수단으로 씁니다. 또한 인생에서 목표가 설정되면 자신이 쓸 것과 버릴 것이 명확해집니다. 즉, 쓸데없는 일에 시간이나 돈을 낭비하지 않습니다. 인생 목표가 설정된 분들은 인생살이가 한자리에 머물지 않고 업그레이드됩니다. 마치 운동선수가 훈련을 거듭할수록 실력이 늘어서 목표 기대치가 높아지는 것과도 같습니다. 인생의 목표는 이처럼 사람의 삶에 여러 가지 영향을 미칩니다.

목표가 없는 사람들은 어떠한가요? 시간이나 돈 등 자신이 가진 것들을 어디에다 써야 할지 모릅니다. 자신의 정체성뿐만 아니라, 심지어 자신이 살아야 하는 이유도 잘 모른 채 무기력하고 짜증나는 날들을 보내며 자기 인생을 낭비하는 경향이 있습니다. 그리고 아무것도 하지 않는데 힘이 듭니다. 아무것도 하지 않는 것 자체가 많은 에너지를 소모하게 하기 때문입니다. 권투선수가 허공에 주먹질을 하는 것과 상대방을 정확하게 가격하는 것 중 어느 것이 힘이 들까요? 사는 게 힘이 들 때에는 혹시 힘듦의 이유가 목표의 부재 때문은 아닌지 점검해 봐야 합니다. 목표가 분명하면 목표를 달성하기 위해 힘들 수는 있어도 마음이 쉽게 지치지는 않습니다.

그런데 목표가 있는데도 별로 신이 나지 않고, 집중력도 떨어진다는 사람들이 있습니다. 이런 경우는 목표가 자신의 욕망을 불러일으키지 못하는 것일 경우가 많습니다. 즉, 목표가 자신이 원하는 것이 아닐 때 그렇다는 뜻입니다. 삶에 의미가 없다는 생각이 들 때는 내가 지금 제대로 된 인생 목표, 즉 내가 원하는 인생 목표를 가지고 있는가를 스스로에게 묻는 시간을 가져 보는 것이 좋습니다.

인생 목표가 있긴 한데 실현 가능성이 희박하고 구체적이지 않은 경우도 있습니다. 예를 들면, 기도 생활을 왜 하느냐고 물으면 성인이 되려고 한다든가, 앞으로 사회를 위해 헌신하는 훌륭한 사람이 되겠다든가 하는 등 구체적이지 않고 지나치게 높은 인생 목표를 가지고 사는 경우입니다.

이처럼 높고 추상적인 목표를 세우는 이유는 인생 경험이 부족하거나 자신감이 결여되어 있기 때문일 수 있습니다. 인생 경험이 부족한 사람은 현실 감각이 모자라서 막연하고 뜬구름 잡는 소리만 하게 되지요. 그리고 자신감이 결여된 사람은 자신의 부족한 모습을 다른 사람들에게 보이기 싫어 자기 포장용으로 인생 목표를 높게 설정하곤 합니다. 그러면서 자신 안의 불안을 일시적으로 해소하려 합니다. 이렇게 설정된 인생 목표는 아무런 의미도 없습니다.

인생 목표는 우리 삶에 여러 가지 영향을 미칩니다. 그러므로 내가 진정으로 원하는 것이 무엇인지, 어떤 사람이 되고 싶은지 스스로에게 정직하게 물어 보아야 합니다. 그 목표가 단순히 내가 원하는 것이기만 해서도 곤란합니다. 자신에게 맞는 목표인지, 실현 가능한 목표인지를 체크하는 것도 중요하겠지요. 이렇듯 제대로 된 인생 목표를 세워야 우리의 삶 또한 좋은 방향으로 변화될 수 있을 겁니다.

사는 게
그저 그런가요?

어떻게 지내냐고 물으면 "사는 게 다 그렇지, 뭐." 하고 대답하는 사람들이 의외로 많습니다. 사는 맛이 뭔지 잘 모른 채 재미없게 사는 것이지요. 혹은 말로는 행복하다고 하는데 왠지 그래 보이지 않는 사람들도 있습니다. 마찬가지로 일상의 지루함에 빠져 어떠한 감흥도 느끼지 못하고 재미없는 삶을 지탱해 나가는 경우입니다. 이런 분들은 다람쥐 쳇바퀴 도는 듯한 삶을 삽니다. 늘 같은 자리에서 같은 사람들을 만나고 같은 일상을 삽니다. 어떤 사람들은 그렇게 사는 것을 가장 대단한 삶이라고 말하는데, 실제로는 고인 물처럼 썩어 가는 삶입니다. 물은 흘러야 썩지 않습니다. 따라서 이런 삶에서 벗어나기 위해서는 경직된 사고를 갖고 기계적으로 살아가는 것을 멈추어야 합니다. 좀 더 새로운 생각을 하려고 노력하고,

자신이 진정으로 원하는 것이 무엇인지 알아야 합니다. 마음 깊은 곳에서 꿈틀거리는 욕구를 알아야 삶의 의욕이 생깁니다. 이렇게 자신 안에서 움트는 모든 것을 인식하고 그것을 자연스럽게 받아들일 때 삶의 의욕과 제 맛을 알게 됩니다.

　삶의 제 맛을 느끼면서 행복하게 살기 위한 조건으로 무엇을 꼽을 수 있을까요? 사람마다 떠올리는 행복의 조건은 다 다를 테지만, 보통의 경우 사람이 느끼는 행복은 크게 두 가지 조건에서 비롯되는 것이라고 생각합니다. 그것은 바로 일과 사람입니다. 사람은 일을 하면서 보람을 느끼고, 사람과 어울려 살면서 안정을 느끼는 존재이기 때문입니다. 만약 누군가 평생 하고 싶은 일을 다 하고 자신이 좋아하는 사람들을 다 만났다고 자부한다면, 그 사람은 진정 행복한 사람입니다. 일과 사람 중 어느 한 부분이 결핍되면 온전히 행복한 삶이라고 말하기 어려울 것입니다. 일은 크게 성공했는데 마음을 나눌 사람 하나 없거나, 주변에 사람은 많은데 제대로 풀리는 일이 없다면 늘 마음 한 구석이 빈 듯한 공허함을 느끼며 살 수밖에 없습니다. 이런 경우, 결핍을 채우기 위해 시간을 들여야 합니다. 조급하게 생각하지 말고 농사를 짓는다는 마음으로 정성을 들이고 기다려야 합니다. 내 삶에 씨를 뿌리고 물을 주고 잘 자라는지 관심을 갖고 지켜봐야 합니다. 그러다 보면 조금씩 참행복의 맛을 깨달을 수 있을 것입니다.

예수님도 누누이 강조하셨듯이, 행복한 삶은 쉽게 얻어지는 것이 아닙니다. 영적이고 참된 행복은 내가 만난 사람들, 내가 하는 일들을 하느님께서 나의 성장을 위해서 주신 것이라 생각하고 그들과 함께 살아가고자 할 때 비로소 찾아오는 것입니다.

지금까지 살아오면서 만났던 수많은 사람들을 생각해 봅니다. 그리고 그들과의 만남의 의미와 하느님께서 그들을 내게 보내 주신 의미를 생각해 봅니다. 때로는 너무 좋아서 뒤를 따라다니려 했고, 때로는 너무 싫어서 얼굴도 안 보려고 했던 사람들. 그런데 이제 와 돌아보니 그 수많은 사람들 중에 나와 사랑과 미움을 함께 나눈 사람들이 나의 한 부분이었다는 생각이 듭니다.

지금 저는 사제 상담가로 살면서 제 인생 최고의 행복을 맛보고 있습니다. 세상에서 가장 행복한 사람은 좋아하는 일을 하는 사람입니다. 그리고 그 일이 가치 있는 일일 때, 더 나아가 내가 그 일을 참 잘할 때 만족감과 행복을 느끼는 것이지요. 제가 바로 그런 사람입니다. 저는 제가 좋아하는 심리 상담을 통해서 인정받았고, 사제 생활에 대한 의미와 자부심이 더 커졌습니다. 그리고 제가 하는 일이 우리 신자들에게 도움이 된다고 확신하기에, 나이가 들수록 주님께 대한 감사와 개인의 행복감을 점점 더 많이 느끼고 있습니다. 물론 지금의 이런 행복감이 절대로 거저 얻어진 것은 아닙니다. 가뭄도 들어 보고, 엄동설한에 얼어 보기도 하는 온갖 우여곡절을 겪으면서도 씨를 뿌리고 물을 주고 돌보는 일을 끈질기게 하였기에 결실을 거둘 수 있었던 것입니다. '세상에 공짜로 얻어지는 것은 없다.' 이것이 제가 깨달은 인생의 법칙입니다.

터널의 끝에 뭐가 있는지 궁금하지 않나요?

　무슨 일을 하든 쉽게 포기하는 사람들이 있습니다. 지금 그대로가 좋아서는 아닐 텐데 말입니다. 그렇다면 무슨 이유 때문일까요? 그것은 실패 체험의 기피 현상일 수 있습니다. 사람은 누구나 현재보다 더 잘 살고 싶어 합니다. 그래서 나름대로 계획을 세우고 현재보다 나아질 수 있는 방도를 찾습니다. 문제는 이러한 시도가 한 번에 성공하기 어렵다는 것입니다. 즉, 실패 체험을 하게 된다는 것이지요.

　실패는 잘 알다시피 사람에게 엄청난 스트레스를 줍니다. 실패를 경험한 사람들은 자괴감, 우울감, 불안감에 시달립니다. 이 스트레스의 정도가 자신이 감당할 만한 때는 실패를 딛고서 다시 시도해 보지만, 감당하기 어려울 정도로 힘들 때는 포기하게 됩니다. 실패해서 얻게 되는 고통이 포기하는 고통보다 더 클 때 차라리 이대로 살자 하게 된다는 말입니다.

그런데 포기하는 삶이 반복되다 보면 자칫 자신은 무슨 일을 하든지 되는 일이 없다고 생각해 버리는 부정적 자기 평가에 빠지게 됩니다. 이는 신경증적 증세로까지 이어지기도 합니다. 이런 사람들에게는 누구보다도 하느님께 대한 믿음이 절실하게 필요합니다. 실패 안에서도 하느님의 뜻을 찾으며 좌절하지 않고 하느님께서 준비하신 곳으로 향하기 위해 노력한다면, 길고 어두운 터널을 지나가듯이 시련의 끝을 볼 수 있습니다.

문제는 내적 근성이 약한 사람들은 실패 체험 속에서 하느님의 뜻을 찾기가 어렵다는 것입니다. 내적 근성은 자존감, 자신감의 양과 비례하는데, 오랫동안 심하게 자기 비하를 해 온 사람들은 마음 상태가 피죽도 못 먹은 사람처럼 허약해져서 내적 근성이 바닥나 있습니다. 이런 사람들은 우선 칭찬과 이해라는 죽을 먹으면서 기운부터 차리셔야 합니다.

반듯함도
병이라지요

 윤리적으로 아주 반듯한 사람이 있습니다. 죄를 짓지 않으려고 노력하고, 다른 사람들에게 폐가 되는 행동은 일체 하지 않기 때문에 칭찬을 많이 듣습니다. 그런데 이런 삶을 사는 사람들 태반이 왠지 힘이 없어 보이고 크게 성공할 것 같아 보이지 않는다는 게 문제입니다. 왜일까요? 이런 사람들은 대체로 자기 마음 안의 그림자, 마음 안의 어두움을 보려고 하지 않기 때문입니다.

 사람의 마음 안에는 '그림자'라고 칭하는 어두운 부분이 있습니다. 이 그림자 안에는 엄청나게 많은 에너지가 있고, 이 에너지는 적당한 일탈 행위를 통해서만 분출될 수 있다고 합니다. 우리가 외국어를 배울 때 교훈적인 말보다 욕을 더 쉽게 배우는 것은 그림자의 에너지 때문입니다. TV를 볼 때 교훈적인 프로그램보다 말도 안 되는 시시껄렁한 프로그램에 빠져드는 것도 그림자의 에너지 때문입니다. 그런데 이런 에너지가 다른 사람의 눈치를 보느라고, 혹은 외적 경건함의 방어벽 때문에 차단되면, 내 안에 묻혀 버리게 되어 힘을 쓰지 못하게 된다고 합니다. 너무 온순하고 지나치게 착한 사람이 큰 성인이 되지 못하는 것은 바로 이런 이유 때문입니다. 그래서 심리학에서는 개구쟁이 같은 사람을 가장 건강한 사람이라고 하는 것입니다.

착한 사람은 복을 받아서 오래 산다는 말은 과연 일리가 있는 말일까요? 어쩐지 갸우뚱해지는 바가 없지 않습니다. 사람은 평생 동안 자기가 사용할 수 있는 심리적인 힘, 육체적인 힘의 양이 정해져 있다고 합니다. 그것을 다 쓰고 나면 죽는다는 것이지요. 그런데 다른 사람들에게 너무 착하게만 대하는 사람들, 다른 사람들의 눈치를 너무 많이 보는 사람들은 에너지 소모량이 커서 쉽게 탈진하고 맙니다.

사람은 마음이 행복할 때 에너지 소비량이 가장 적다고 합니다. 적은 양의 에너지로 큰일을 할 수가 있다고 하지요. 그러나 마음이 불행하면 그때부터 인생을 마치 자동차 공회전하듯이 살게 되고, 에너지 사용량도 엄청나게 늘어서 결국 자기 수명을 단축시키게 될 수도 있지 않을까요. 그러므로 착하게 살되 행복하게 살아야 한다는 단서를 꼭 붙이고 싶습니다.

세상은 원래
내 뜻대로 되지 않아야 정상이에요

살면서 짜증 한 번 안 내는 사람은 없을 겁니다. 여러분은 주로 어떨 때 짜증을 내십니까? 도대체 짜증은 왜 나는 것일까요? 우리는 주로 무엇 때문에 짜증이 날까요? 대개는 일이 잘 풀리지 않거나 다른 사람 마음이 내 뜻대로 움직여 주지 않을 때 짜증이 납니다. 그리고 기도를 했는데 하느님이 들어주시는 것 같지 않을 때도 짜증이 납니다.

우리는 자신의 마음을 몰라주는 대상 앞에서 짜증을 느끼면서 궁극적으로는 내 맘대로 되지 않는 세상을 향한 원망을 품습니다. 다시 말해 우리는 세상이 내 뜻대로 되어야 한다는 무의식적 욕구를 지니고 있고, 그 욕구가 채워지지 않을 때 짜증을 낸다는 것입니다. 짜증이 나면 잔소리가 튀어 나오지요. 잔소리와 충고는 성격과 내용이 아주 다릅니다. 충고는 상대방에게 정말로 도움을 주고 싶어서 하는 소리입니다. 반면 잔소리는 말로는 다 너를 위해서 그러는 거라고 하지만, 실제로는 자신의 감정을 풀기 위해서 하는 것입니다. 즉 내 맘대로 되지 않는 대상들에게 짜증을 내는 것이 잔소리입니다.

그렇다면 어떻게 해야 짜증스러운 마음을 줄일 수 있을까요? 이 문제에 있어서도 답은 단순합니다. 역시나 내 마음을 들여다보고 마음과 대화를 나누는 수밖에 없습니다. '세상에 내 마음대로 되는 일이 어디 있어. 주님도 세상을 당신 뜻대로 못하셔서 돌아가셨는데, 세상 모든 사람이 다 내 뜻대로 되어야 한다고 생각하는 게 잘못이지.' 하고 말입니다. 남편이 혹은 자식이 내가 원하는 삶을 살게 해 달라고 청하는 기도는 백날 해 봐야 소용없습니다. 차라리 이런 기도는 어떨까요. '그래도 다른 집보다는 우리 집이 낫습니다. 속은 상하지만 어쩌겠습니까. 어찌 되었든 감사합니다.' 하고 기도하는 것이 자기 마음을 상하지 않게 하는 기도 방법입니다.

마음에 드는 부분보다 들지 않는 부분이 더 많은 것이 세상살이입니다. 우리는 세상을 내 뜻대로 바꾸려고 애쓰고 그것이 제대로 되지 않아서 속상해하곤 하는데, 아이러니하게도 그럴수록 짜증은 더 커져갑니다. 이런저런 시도를 다 해 봐도 짜증이 가라앉질 않는다면 자기 성격에 문제가 있는 것이 아닐까 생각해 볼 필요가 있습니다. 불편함의 원인을 다른 사람에게서 찾으려고 하기 이전에 자신을 돌아보시기 바랍니다.

살다 보면 편치 않은 사람과 상황을 맞닥뜨릴 때가 있습니다. 그럴 때 우리의 마음은 풍랑을 만난 듯 힘이 들고, 하필 왜 내가 이런 일을 당해야 하는지 당혹스럽기도 합니다. 하지만 무슨 일이든 반드시 의미가 뒤따릅니다.

첫 번째 의미는 좌절의 근육을 만들기 위해서입니다. 마음에도 근육이 있는데, 운동을 안 하면 몸의 근육이 약해지듯이 마음도 그렇습니다. 마음의 근육을 만드는 방법은 불편한 상황과 불편한 사람들을 참아 내는 것입니다. 그렇게 악조건을 견뎌 내다 보면 마음에 근육이 생겨서 웬만한 일에 넘어지지 않는 힘이 생깁니다.

두 번째 의미는 세상이 내 뜻대로 되어야 한다는 유아적인 이기심을 부수기 위해서입니다. 세상 일이 내 마음대로 안 된다는 것을 경험하는 것은 아주 중요한 일입니다. 만약 기도가 내 뜻대로 다 이루어지고 세상 일이 내 마음대로만 되면 어떤 일이 생길까요? 겸손하고 감사한 마음이 들까요? 처음에는 그럴 수도 있지만, 시간이 갈수록 교만의 끝을 달리게 됩니다. 교만을 떨쳐 내기 위해서라도 살면서 불편함과 좌절을 겪는 것은 중요한 일입니다.

저 역시 긴 시간 동안 좌절과 시련을 겪었습니다. 그러면서 사람들과 하느님을 원망했습니다. 항상 '왜 하필 나에게 이런 일이'라는 생각을 버리지 못했고, 우울과 불안으로 잠도 못 잤습니다. 이러다가 죽는 건 아닐까 하는 무력감에 두렵기도 했고, 기도에 대한 응답은 받지 못했습니다. 하루하루가 사는 게 아니라 버티는 것이었습니다. 그 힘겨운 시간들이 끝나고 난 뒤 제 자신을 돌아보니, 예전보다 더 강한 제가 되어 있었습니다.

성공은
성적순이 아니에요

부모라면 누구나 자식이 성공해서 잘 살기를 바랍니다. 특히 어려운 삶을 살아온 부모일수록 자식들이 자신들처럼 힘들게 살지 않고, 다른 사람들로부터 대접받으면서 편하게 살기를 간절히 바랍니다. 그런데 많은 부모들이 저지르는 실수가 있습니다. 자식들이 성공하려면 공부만 잘하면 된다고 생각하는 것입니다. 공부를 잘해서 좋은 대학에 들어가고 좋은 직장을 잡으면 성공한 것이라고 생각합니다.

그러나 성공을 위한 가장 중요한 요소가 성적은 아닐 겁니다. 오히려 도덕 지수Moral Quotient라는 것이 성공하는 데에 더 큰 영향을 미친다고 하지요. 도덕 지수란 옳고 그름을 판단하고, 윤리적 신념을 따라 부끄럽지 않은 행동을 할 수 있는 능력, 충동적인 욕구를 절제하고 다음으로 미룰 줄 아는 능력, 나와 다른 생각을 받아들이고 이해하는 능력, 존중하는 마음으로 다른 사람을 대하는 능력 등을 말합니다. 이러한 조건들이 갖춰져 있는 사람들을 도덕 지수가 높다고 평가하고, 성공할 가능성도 높다고 말합니다. 이런 도덕적인 기반이 없다면 설령 사회적으로 성공한다고 해도 그 과정이 그리 건강치 않았을 가능성이 높습니다. 그런 성공은 자신의 삶 전체를 위협하는 자기 파괴적인 부메랑이 될 가능성이 큽니다.

심리학자들은 선진 사회의 성공한 사람들을 관찰한 결과, 이들에게서 아주 특별한 무엇인가를 발견할 수 있었다고 합니다. 이들은 '섬김의 리더십Servant Leadership'을 갖추고 있었는데, 이는 아랫사람을 부림이 아닌 섬김의 대상으로 보는 리더십입니다. 명령을 내리는 대신 그들이 필요한 것을 충족시켜 주기 위해서 애쓰는 리더십입니다. 이런 리더십을 발휘하는 곳일수록 아랫사람들의 자발적이고 헌신적인 참여가 돋보이고 결과도 더 좋았다는 것입니다. 이 결과는 도덕 지수와 성공이 깊은 연관이 있음을 알려 줍니다.

신앙생활은 도덕 지수를 높이는 데 큰 도움이 됩니다. 참된 신앙생활을 하면서 자신을 성찰하고 다른 사람을 이해하게 될 때, 자신도 모르는 사이 도덕 지수가 조금씩 성장하는 것입니다. 실제로 성공한 리더들 중 성실한 신앙인이 많은 것도 이와 같은 이유입니다.

시간의 유한성을
망각하지 마세요

　살면서 시간이 가장 느리게 흘렀던 때는 언제입니까? 아마도 대부분은 학창시절을 떠올리지 않을까 싶습니다. 특히 대입 시험을 앞둔 수험생 시절 말입니다. 이렇듯 우리 삶에는 종종 시간이 가지 않는다는 느낌이 드는 시절이 있습니다. 그러니까 킬링 타임용 콘텐츠들도 쏟아져 나오는 것이겠지요. 하지만 지나고 보면 언제 그렇게 다 흘러가 버렸나 싶어지는 게 시간이기도 합니다. 나이 드신 분들께 여쭤 보세요. 하나 같이 똑같은 대답을 내놓으십니다. 세월이 유수와 같다고 말입니다.
　사람이 태어나는 것에는 순서가 있을지 몰라도 죽는 것에는 순서가 없다는 말은 누구나 공감하는 말일 겁니다. 관 속에 들어가는 데는 순서가 없습니다. 그렇기 때문에 살아 있는 지금 이 순간 마음가짐을 바로 하고, 주어진 시간을 소중히 여겨 아껴 써야 합니다. 그럼에도 불구하고 우리는 시간을 낭비하며 살기도 합니다.

일본의 한 회사원이 30년 동안 살아온 자기 시간을 분석해 보았답니다. 30년을 날짜로 환산하면 10,950일인데, 그중 잠을 잔 날이 3,505일, 기분이 좋지 않았던 날이 1,596일, 텔레비전을 보면서 보낸 시간이 775일, 차를 타는 데 소모한 시간이 691일 등으로 나타났다고 합니다. 결론은 유용하게 사용한 시간보다 낭비한 시간이 더 많았다는 것입니다. 어쩌면 그 회사원의 삶은 대부분의 우리 모습과 다르지 않을 겁니다.

내게 주어진 시간을 유용하게 쓰지 못하고 쉽게 낭비하게 되는 이유는 무엇일까요? 다른 사람은 다 죽어도 나는 죽지 않을 것 같은, 내가 살 수 있는 시간이 남아도는 것 같은 착각을 하고 있기 때문입니다. 이런 착각을 깨뜨리기 위해 중세 수도원의 수도자들은 자신의 탁자 위에 선배 수도자들의 해골을 두고 죽음에 대한 묵상을 했다고 합니다.

한 번 사는 동안 오로지 한 번밖에 쓰지 못하는 게 시간입니다. 아무리 애통해한다 해도 지나간 것은 돌아오지 않는 게 시간입니다. 따라서 지금 내게 주어진 시간을 즐거운 마음으로, 주인 된 마음으로 소중히 써야 훗날 나를 떠올리는 사람들에게 그리움의 대상으로 남을 것입니다. 이왕이면 누군가에게 따뜻한 사람, 떠올리면 기분 좋은 사람이 되면 좋지 않겠습니까. 무엇보다도 시간의 주인인 나 자신에게 당당하기 위해서라도 시간을 잘 써야 할 것입니다. 내 마음 깊은 곳의 나로부터 '같은 시간이 주어졌는데 넌 왜 이렇게밖에 하지 못한 거야?'라는 소리를 듣게 되는 것은 정말 달갑지 않은 일입니다.

그렇다면 시간을 어떻게 쓰는 것이 소중히 쓰는 것일까요? 무슨 일이든 마찬가지겠지만, 계획을 세우는 것이 좋습니다. 목적이 있는 사람들에게 시간은 늘 부족한 것이지만, 목적 없이 사는 사람들은 시간이 늘 남아도는 것 같은 착각을 합니다. 때문에 자기도 모르게 시간을 낭비하게 되는 것입니다. 하지만 목표를 갖고 사는 삶이 말처럼 쉽진 않습니다. 특히 어렸을 때부터 자신을 돌보는 법, 자신의 삶을 스스로 계획하고 개척해 나가는 것을 배우지 못한 사람들은 삶의 목표를 세우기 어려워합니다. 주어진 일만을 수동적으로 하며, 남을 위해서는 무언가를 해 줄 수 있어도 정작 자기 자신을 위해서는 무엇을 해야 할지 혼란스러워 합니다. 그러나 이제라도 늦지 않았습니다. 우선 앞으로 하고 싶은 일과 할 수 있는 일에 대한 계획만이라도 세워 보십시오. 조금씩 시간이 내 것이 되어 가는 느낌을 받게 될 것입니다.

시간을 잘 쓰는 예를 신앙 안에서 찾아본다면 어떤 것이 있을까요? 우선 내게 주어진 일이 어떤 것이든 주님이 주신 것이라 생각하고, 그 안에서 주님의 뜻을 찾는 것이 중요합니다. 그럴 때 우리는 우리 삶의 주인이 되고 힘든 일이 있어도 견딜 힘이 생기게 될 것입니다.

주님의 품에 안겨
묵은 때를 씻어 내세요

　한 해의 마지막 날에는 여러 가지 착잡한 감정이 휘몰아칩니다. 아쉬운 일, 화나는 일, 행복한 일 등등 여러 가지 희로애락의 감정이 뒤섞여 흘러넘칩니다. 누군가는 한 해를 돌아보며 행복감을 느끼는가 하면, 누군가는 다시 떠올리기도 싫어합니다. 힘든 일이 유독 많았을 경우 지난 시간을 떠올리기조차 싫은 마음이야 너무 당연한 것이지만, 과거를 돌아보기 싫어하는 마음은 내 의지로 바꾸려 노력할 필요가 있습니다. 과거는 그저 흘러가 버린 시간이 아니라 현재의 기반이며, 내 삶의 방향을 잡아 주는 힘을 가지고 있기 때문입니다. 그래서 한 해의 마지막 날에는 반드시 지난 한 해 동안 쌓인 여러 가지 풀리지 않은 감정들을 해소하는 시간을 가져야 합니다.

한 해 동안 마음 안에 앙금처럼 쌓인 것들을 푸는 방법은 여러 가지가 있을 것입니다. 평소에 여유가 없어서 자주 보지 못했던 친구들을 만나 진솔한 대화를 나누고, 사소한 오해들로 멀어진 사람에게 용기를 내어 다가가 진심을 전할 수도 있습니다. 혹은 짧게나마 혼자서 여행을 떠나 보는 것도 좋고, 한 해 동안 열심히 살아온 스스로에게 작은 선물을 하는 것도 방법일 수 있습니다.

하지만 무엇보다도 가장 먼저 해야 할 것이 있다면, 그것은 바로 주님의 품에 안기는 것이 아닐까요. 길고 긴 하루를 바쁘게 보내고 집으로 돌아와 가족의 품에 안기듯이 말입니다. 방법은 간단합니다. 우선 눈을 감고 눈앞에 계신 예수님을 생각해 보세요. 예수님이 보이십니까? 그렇다면 그분의 품에 안기시고, 나를 돌봐 주신 그분께 감사의 인사를 드려 보세요. 다음으로는 성모님을 생각해 보세요. 우리를 위해서 늘 기도하고 걱정하시는 늙은 어머니이십니다. 그분을 안아 드리고, 걱정 끼쳐 드려서 죄송하다고 해 보세요. 이번에는 자기 자신을 생각해 보세요. 어린 자신을 가만히 안아 주십시오. '지난 한 해는 너무 못해 주어서 미안하다, 새해에는 더 잘해 줄게.' 하고 말을 건네 보세요. 그 다음에는 내가 좋아하는 사람들을 생각해 보세요. 그 사람들을 따뜻하게 안아 주세요. 그런 다음 내가 미워한 사람들을 생각해 보세요. 한 사람, 한 사람 안아 주고 미안하다는 말을 건네 보세요.

내 안에 쌓여 있던 지친 마음을 잘 다스리고 위로했다면, 그 다음에는 나에게 잘못한 이와의 관계를 떠올려 볼 수 있습니다. 우리는 주님의 기도를 통해 주님께 이렇게 고백합니다. '우리에게 잘못한 이를 우리가 용서하오니 우리 죄를 용서하시고.' 하지만 마음이 기도처럼 바로 바로 움직여 주진 못하지요. 용서는 어려운 일입니다. 인간은 본능적으로 용서하고 싶지 않은 마음이 더 강한 존재이기 때문입니다. 이렇듯 용서하는 것만으로도 어려운데 화해를 해서 껄끄러운 관계를 풀어내는 것은 더더욱 어려운 일이겠지요. 용서와 화해는 별개의 문제입니다.

용서라는 높은 산을 겨우 넘은 사람에게 바로 화해라는 더 큰 산을 넘어 보라고 하는 것은 무리한 요구입니다. 힘이 남아 있는 사람이라면 도전해 보는 것도 나쁘지 않겠지만, 용서라는 산을 넘는 것만으로도 모든 힘을 쏟은 사람이라면 일단은 화해의 산은 피하는 것이 좋습니다. 무리해서 화해의 산을 넘으려다가 간신히 추스른 마음에까지 균열이 생겨 더 좋지 않은 결과가 생길 수도 있기 때문입니다.

예전에 어느 방송을 통해, 자신의 아들에게 해를 끼친 아이를 용서한 것에서 더 나아가 아예 데리고 산 사람의 이야기를 본 적이 있습니다. 그걸 보면서 조금은 복잡한 마음이 들었습니다. 인간의 마음이란 그리 강하지도, 명쾌하게 정리가 되지도 않는 것이기에, 사연의 주인공이 무리를 한 것은 아닌지 걱정되었습니다. 마음으로 누군가를 용서하는 것과 그 누군가와 계속해서 관계를 유지하는 것은 다른 문제이니까요. 물론 용서와 화해 두 가지 은총을 모두 받은 것이라면 다행입니다. 수많은 고뇌와 노력 끝에 마음이 진정으로 그렇게 움직인 것이라면 더 말할 것 없이 축복할 일입니다. 하지만 마음에서 우러나오지도 않는데 신앙인이라는 이유로 무리해서 용서와 화해를 감행하는 것은 권하고 싶지 않습니다. 주님께 모든 것을 맡기고 청하되 내 마음이 진심으로 가능한 것부터 천천히 덜어 내는 것이 건강한 용서와 화해의 첫 걸음이 아닐까요.

즐기다 보면
차선도 최선이 됩니다

사순 시기가 되면 예수님 수난에 대한 이야기를 되짚어 보게 됩니다. 십자가의 길을 하면서 예수님의 고통을 생각해 보기도 합니다. 이렇게 주님의 수난을 묵상하면서 많은 분들이 마음 아파하십니다. 물론 주님께서 사람들을 대신하여 죄를 짊어지고 돌아가신 일은 참으로 마음 아픈 일입니다. 하지만 주님도 당신의 길을 힘들어하고 어려워하셨을까요? 그렇지 않으셨을 겁니다. 주님께서는 당신이 원하는 일을 하셨기 때문입니다. 당신 스스로가 십자가의 길을 가고자 하셨기 때문에 우리가 그분의 고난을 인간적인 감정의 잣대로만 해석할 일이 아니라는 말입니다.

삶이 힘들다는 사람들이 많습니다. 힘겨움은 여러 가지 모습으로 다가오기도 합니다. 그런데 아무리 힘들다 하더라도 예수님처럼 마음은 행복한 경우가 있습니다. 어떤 경우가 그럴까요? 바로 자기가 하고 싶은 일을 할 때가 그렇습니다. 아무리 힘든 일이라도 말로는 힘들다 하지만 정작 마음은 그렇지 않지요. 이렇게 사람이 자기가 하고픈 일에 깊이 빠져들어서 밥 먹을 생각마저 잊어버리는 무아지경을 가장 행복한 상태라고 하지요. 반대로 너무 힘들고 불행하다고 하는 사람들 중엔 자신이 하고 싶은 일을 하지 못해서 그러는 경우가 많습니다. 이런 사람들은 인생살이가 재미없습니다. 우리는 월급을 많이 받고 직위가 높으면 행복할 것이라고 생각합니다. 그러나 그렇지 않습니다. 자기가 하고 싶은 일을 하지 못할 때에는 마음과 몸이 따로 놉니다. 어떤 일을 억지로 하는 사람들은 이구동성으로 이렇게 말합니다. 쉬는 날과 월급 받는 날이 가장 좋다고요. 쉬는 날과 월급 받는 날을 싫어하는 사람이 누가 있겠습니까. 하지만 중요한 것은 그런 날만이 의미 있고 다른 날들은 지겹게만 여겨진다면, 결국 수많은 날들이 의미 없이 낭비되고 버려지게 된다는 것입니다. 그렇게 의미 없이 시간이 가기만을 바라며 살아가다 보면 무능한 사람이 되어 무기력한 불행에 빠지기 쉽습니다.

삶의 의미도 찾고 일의 능률도 올리려면 자기가 하고픈 일을 해야 합니다. 어떤 사람들은 이렇게 말합니다. 세상에 자기가 하고픈 일을 하고 사는 사람이 얼마나 되겠느냐고. 물론 그렇습니다. 자신이 원하는 인생을 살고 있는 사람들은 많지 않습니다. 대부분 차선의 선택을 하면서 살아갑니다. 그렇지만 중요한 것은 차선의 선택에 의해 조금은 덜 만족스러운 삶을 살게 되더라도 자신에게 주어진 일에 자신의 명예를 걸고 최선을 다해야 한다는 것입니다. 그렇게 하다 보면 자신이 원하는 삶에 조금씩 가까워질 수 있는 또 다른 기회가 열리기도 합니다.

여한 없는 삶,
내 것 되지 말란 법 있나요?

"이제 죽어도 여한이 없다."는 말을 할 수 있는 사람이 과연 얼마나 될까요? 마음에 맺힌 것이 하나도 없다는 이 말은, 한 세상 살면서 하고 싶은 건 다 해 봤다는 말과도 같겠지요. 이는 모든 인간이 바라는 마지막의 모습이 아닐까요. 반대로 그 무엇도 자기 마음대로 하지 못하고 한으로 점철된 인생을 사는 사람들도 있습니다. 하고 싶은 것을 마음껏 하지 못하는 상태를 심리학에서는 정신적 변비에 걸렸다고 말하기도 합니다. 정신적 변비란 구체적으로 무엇을 말하는 걸까요?

사람은 끊임없이 관심의 대상을 바꾸면서 살아갑니다. 즉, 주 관심사와 부 관심사가 끊임없이 순환하는 삶을 살아갑니다. 주 관심사와 부 관심사는 무엇일까요? 예를 들어 보겠습니다. 금강산도 식

후경이라는 말이 있습니다. 배가 고플 때 금강산 구경은 부 관심사가 되고, 먹을 것이 주 관심사입니다. 그런데 먹을 것이 해결되면 주 관심사인 먹을 것은 뒤로 물러나서 부 관심사가 되고, 금강산 구경이 주 관심사가 되어 앞으로 나옵니다. 이렇게 주 관심사와 부 관심사를 원활하게 순환하면서 사는 사람을 '복 많은 사람, 팔자 좋은 사람, 여한이 없는 사람, 참으로 행복한 사람' 등등의 이름으로 부르는 것입니다. 그런데 배고픔이 해결 안 된 채로 금강산을 가게 되면 경치가 눈에 들어올까요? 아무리 좋은 이야기를 들려준다 한들 하나도 들리지 않을 것입니다. 이렇게 주 관심사가 해소되지 않은 채 억지로 뒤로 물러나게 되면 소위 '정신적 변비 현상'이 생깁니다.

하지만 자기가 하고 싶은 것을 다 하면서 산다는 게 그렇게 간단한 문제는 아닙니다. 그렇게 사는 사람들은 극히 드물지요. 세상살이는 그리 만만치 않기 때문입니다. 어쩌면 대부분의 사람들, 특히 이제 어른의 삶으로 들어온 사람들의 경우 거의 다 정신적 변비에 걸린 채로 살아간다고 보아도 과언이 아닙니다. 남녀를 불문하고 삼십대 중반쯤이 되면 신변의 작은 변화에도 이런저런 생각을 거듭하며 고민하는 삶을 살게 되는데, 이것이 곧 정신적 변비의 시작입니다.

그러면 이런 '변비 같은 삶'을 조금이라도 완화시키기 위해 무엇을 해야 할까요? 우선 눈을 감고 이제 내가 살아갈 날이 한 달밖에

남지 않았다고 가정해 보십시오. 제일 먼저 무엇을 해야 할까요? 생각해 보았나요? 그런 다음에는 왜 나는 내가 하고 싶은 것을 하지 못하고 있는지, 무엇이 내 발목을 잡고 있는지에 대해 생각해 보십시오. 그리고 자신을 스스로 위로해 주기 바랍니다. 원하는 대로만 세상을 살기에는 우리의 발목을 잡는 것들이 너무나 많습니다. 걸림돌에 걸릴 때마다 우리는 스스로의 마음을 달래 주어야 합니다. 자신의 마음 달래기에 소홀하게 되면 짜증과 무기력이 넘쳐나는 산만한 삶을 살게 됩니다. 놀러 나가고 싶은 어린아이가 책상 앞에 억지로 앉아 있는 것처럼 말입니다. 상황을 바꿀 수 없다면 자기 자신을 잘 달래야 합니다. 언젠가부터 자주 입에 오르는 화두 중에 '소확행'이라는 말도 있지 않습니까? 소소하지만 확실한 모든 방법을 동원해 스스로를 행복하게 해 주십시오. 여한 없는 삶, 남의 이야기만은 아닐지도 모릅니다.

나를 강하게 만드는 인생길의 십자가, 역풍

　왜 이렇게 되는 일이 없고 사는 게 힘든지 모르겠다고 푸념하는 분들이 많습니다. 인생살이가 고달프니 그런 푸념을 할 만도 하지요. 어떤 때는 일이 잘되고 사람들과의 관계도 원만한데, 어떤 때는 짜증나는 일만 계속되고 사람들과도 자꾸만 부딪치게 됩니다. 아무리 기도하고 노력해도 문제가 해결되지 않습니다. 왜 그럴까요?

　우리가 탄 인생이라는 배가 아무리 노를 저어도 나아가지 않는 건 역풍을 만나서 그렇습니다. 순풍일 때야 크게 신경 쓸 일이 없지만, 역풍을 만났을 때는 어떻게 해야 할까요? 노련한 선장은 역풍을 만났을 때 무리하게 전진하지 않고, 힘을 보존하고 충전한다고 하지요. 역풍인 상황에서 무리하게 전진하려고 하면 가지고 있는 힘만 소진하기 때문입니다.

인생에서 역풍을 만났을 때는 잠시 처마 밑에서 쉬면서 소나기가 그치기를 기다리는 시간을 가져야 합니다. 그동안 바쁘게 사느라 보류했던 휴식과 재충전의 기회로 삼아야지요. 그 시기는 오히려 인생에서 재도약의 발판이 될 것입니다. 인생의 흐름에서 다가오는 역풍의 기세를 마음의 여유를 가지고 다스려서 오히려 더 높은 발전을 위한 도약대로 만들 수 있어야겠습니다.

또한 역경에 처한 사람이 나만이 아니라는 것을 알아야 합니다. 사람은 역경에 처하면 마치 자신만이 그런 일을 당하는 것 같은 착각 속에 빠져듭니다. 그리고 자신만이 어려운 일, 힘든 일을 당한다고 생각할 때 가장 우울해지고 무기력해집니다. 그러므로 나만이 이런 일을 당하는 것은 아니라고 자신을 다독여야 합니다. 훈련소에서 잘 훈련받던 청년들이 부대 배치를 받고 나서 간혹 사고를 치는 경우가 있습니다. 훈련소에서는 다 같이 고생한다고 생각하니 나름대로 위로를 받지만, 부대에 배치 받고 졸병이 자기 혼자뿐이라는 것을 인식할 때, 무력감에 사로잡히고 부정적인 충동에 시달리게 되어 사고를 치게 되는 것입니다.

사실 우리 중에 아무런 일도 겪지 않으면서 순탄하게 사는 사람은 거의 없습니다. 돈이 있는 사람이든 없는 사람이든 죽을 것만 같은 역경에 처하는 경험들은 누구나 겪으며 산다는 것입니다. 어떤 엄마가 애지중지하던 아들을 사고로 잃고 지방의 어느 수녀원에서 밤낮을 울며 괴로워했다고 합니다. 많은 수녀님들이 그 엄마를 위로했는데, 위로가 성에 차지 않았는지 계속해서 울고 다니자 어떤 수녀가 아주 대차게 말하더랍니다. 세상에 아들 죽은 사람이 당신 하나뿐이냐고. 처음에는 기막히고 화가 나서 '애를 낳아 보지 못해서 저런 소리를 하지.' 하면서 분통을 터뜨렸는데, 시간이 지나면서 마음이 냉정해지고 그 수녀님의 말이 맞다는 생각이 들더랍니다. 이처럼 역경을 만나 힘이 들 때에는 '다른 사람들도 다 그래.'라는 생각을 갖는 것이 좋습니다.

어떤 청년이 이런 질문을 했습니다. "하느님께서는 왜 사람들이 아무런 역경을 겪지 않고 순탄하게 살도록 내버려 두시지 않는 겁니까?" 이것은 많은 사람들이 갖는 의문이기도 합니다. 사람은 자기 일이 순탄할 때 '심리적 비만 현상'을 겪게 됩니다. 즉, 안하무인이 되어 하느님의 자리에 앉아 다른 사람들을 가르치려고 하는 교만한 태도를 보이게 됩니다. 또한 매사에 고마워하는 마음도 없고, 모든 일이 자기 힘으로 된다고 생각합니다. 크고 작은 역경은 인간이 이렇게 되는 것을 안타까워하신 주님의 계획이라고밖에 대답할 말이 없을 것 같습니다. 즉 역경이 사람에게 쓰디쓴 약이 되어 주기도 한다는 것을 기억해야 할 것입니다. 성공한 사람들 대부분은 역경의 위기를 기회로 삼아 다시 일어난 경험을 갖고 있습니다. 그러니 역경과 시련도 하느님이 주신 명약이라는 걸 알아야 합니다.

시험은 누구에게나 엄청난 스트레스를 줍니다. 시험 없는 세상에서 살고 싶다는 푸념 한 번 안 해 본 사람은 없을 겁니다. 그러나 시험 없는 삶은 없습니다. 꼭 문제를 풀어 정답을 써 내야 하는 시험만이 아니라, 인간의 삶 자체가 무형의 시험지입니다. 끊임없이 문제에 직면하고 답을 찾아야 하니까요. 때문에 많은 심리학자들과 철학자들이 인생을 문제의 연속이라 정의했나 봅니다.

우리의 삶이 문제의 연속이기에 우리 삶의 행복과 성공 여부 역시 시험을 얼마나 잘 보는가에 달려 있다고 해도 과언이 아닙니다. 시험이 싫다고 해서 문제를 기피하게 되면 마치 병역 기피자처럼 평생 어두운 마음, 위축된 열등감을 가지고 살아야 합니다.

문제를 잘 푸는 방법은, 그 문제를 푸는 과정이 나에게 주는 이득에 대하여 생각해 보는 것입니다. 시험은 우리 자아를 강하게 해 줍니다. 괴롭고 힘든 시간이지만, 그 시간을 통과하고 나면 한 단계 성숙한 심리적 경지를 제공해 주는 것입니다. 전쟁 한 번 안 치르고 진급한 장군과 전쟁터에서 수많은 전쟁을 치르고 진급한 장군은 같은 별이라도 그 무게가 다르고 색깔이 다릅니다.

제게도 때로 역풍이 불어 닥쳤습니다. 가장 먼저 떠오르는 역풍은 가좌동 성당 재개발 문제로 5년 반 동안 속을 썩었던 경험입니다. 처음에는 열악한 환경과 공포 분위기 때문에 잠을 못 잘 지경이었습니다. 가슴은 점점 더 새가슴이 되어 가고, 불안과 두려움 때문에 울렁증까지 생기고, 피부병과 속병으로 매일 매일이 고역 그 자체였습니다. 그러다가 어느 날 마음속에서 이런 생각이 튀어 올라왔습니다. '후배들과 내담자들 보기 창피하지도 않냐. 이곳에서 패배해서 스스로 창피해지는 대신 당당히 이겨 내서 승전보를 울리자.'라는 생각이 절로 들었습니다. 그 후로 전쟁터의 장수가 된 마음가짐으로 싸웠습니다. 5년 반의 긴 싸움은 쉽지 않았지만, 책상물림으로 주둥이만 놀리던 저를 한층 강하게 만들어 주었습니다.

즐거움은
갇힌 문을 여는 열쇠입니다

가끔씩 피정을 하러 가는 봉쇄 수도원이 있습니다. 그곳에 들어가면 밖으로 나올 수 없고, 그 안에서 모든 것을 해결해야 합니다. 거기에서는 수도자들을 철창을 사이에 두고 만나야 합니다. 그래서인지 봉쇄 수도원을 떠올리면 많은 분들이 답답함만을 연상하십니다. 그런데 신기한 것은 그렇게 갇혀 있는 삶을 살면서도 그곳의 수도자들은 늘 웃고 산다는 것입니다. 저는 그분들을 볼 때마다 놀려 댑니다. 그 안에서 사니 얼마나 답답하냐고. 그런데 그 수도자들은 오히려 밖에 사는 사람들이 더 답답하고 불쌍해 보인다고 합니다. 하긴 많은 사람들이 찾아와 그분들에게 세상 걱정을 한가득 털어놓고 기도를 청하니 그럴 수밖에 없겠구나 하는 생각은 듭니다.

그곳에서 돌아오는 길에 이런 생각이 들었습니다. 사실은 우리 모두가 봉쇄 생활을 하고 있는지도 모른다고 말입니다. 늘 만나는 사람을 만나고, 늘 하던 일을 하고, 늘 가던 곳을 가는 것. 이것이 봉쇄 생활과 다를 것이 무엇이겠습니까? 그런데 왜 그 안의 분들은 즐겁게 살고 있는데, 밖에 사는 사람들이 더 힘들어할까요? 이유는 하나입니다. 변하지 않는 나, 변하지 않는 너, 그리고 변하지 않는 세상 때문입니다.

그렇다면 어떻게 해야 삶을 즐겁게 바꿀 수 있을까요? 저는 그 답을 TV에 나오는 어떤 일용직 노동자에게서 찾았습니다. 일명 '팬티맨'이라는 사람인데, 일을 할 때 여자 스타킹에 팬티를 입고 일한다고 해서 붙여진 별명입니다. 그의 이야기를 들으면서 느낀 것이 많았습니다. 하루 종일 시멘트 부대를 나르고 벽돌을 짊어지면서 흥얼거리는 그에게 기자가 일이 즐겁냐고 묻자, "이 일은 짜증 내면서는 못 합니다." 하는 것이었습니다. 그는 늘 즐겁게 일하려고 노력하고 있었던 것입니다.

같은 삶을 살아도 즐겁게 사는 사람들을 만나면 보는 사람까지 즐거워지지만, 늘 우울한 마음에 젖어서 사는 사람들을 보면 마음이 같이 우울해집니다. 감정은 세균 이상으로 전염성이 강하기 때문입니다.

즐겁게 살기 위해서는 털어 내기를 잘해야 합니다. 털어 내기의 방법은 다양하지요. 기도, 대화나 욕까지 포함하는 수다, 시나 수필

등 마구 갈겨쓰는 글쓰기일 수도 있습니다. 하루에 30분씩 춤을 춘다거나 그림을 그리는 것도 한 방법입니다. 단, 이런 방법을 행하실 때는 잘해야겠다는 생각을 버리고, 그냥 느낌대로 표현하는 것이 중요합니다. 또 한 가지, 유머러스한 삶을 빼놓을 수 없습니다. 웃음은 좌절이나 짜증, 불쾌감 같은 부정적인 감정 처리에 효과적입니다. 생사의 기로에 선 전쟁터 군인들의 경우, 유머를 잃지 않는 부대는 높은 승전율과 생존율을 보였다고 합니다. 운동선수들도 마찬가지입니다. 시합에서 지고 있을 때, 실수한 선수를 죽일 듯이 노려보는 팀은 백전백패지만, 서로 격려하고 위로하고 유머를 주고받는 팀은 뒷심을 발휘해서 판을 바꾼다고 하지요. 본당은 어떨까요? 유머러스한 본당 신부가 부임하면 본당 신자가 늘지만, 힘들다고 징징대고 짜증만 내는 신부가 부임하면 신자 수가 줄어듭니다. 이렇듯 유머는 삶의 모든 부분에 걸쳐 중요한 의미를 갖습니다. 그래서일까요? 어느 영성가는 늘 성경과 유머집을 함께 가지고 다닌다고 합니다.

살면서 모든 일이 순조롭게 풀리고, 하는 일마다 잘 되는 사람은 단 한 사람도 없습니다. 다들 자기 마음대로 안 되는 인생을 살면서 여러 가지 스트레스를 받습니다. 이렇듯 웃을 일이 없는데 웃고 사는 게 쉬운 일이냐고 하시겠지만, 그래도 웃음이 명약이라는 사실은 불변의 진리입니다.

세상살이에 지친 마음은
세상 안에서 해결하세요

옛 성인들은 이 세상일에 마음을 두지 말라는 말씀을 많이 하셨습니다. 이 세상 것은 영원한 것이 아니라, 잠정적인 시간과 한계 상황 속에서 존재하기 때문에 그것에 마음을 두게 되면 공연히 미련만 남기 때문이라는 것입니다. 또한 이 세상일들은 내 마음대로 되는 것이 없기에 자칫하면 마음만 상하기 쉽다는 것입니다.

사실 그분들의 말씀처럼 이 세상은 흘러가는 시간 안에서 존재하기 때문에 그것에 큰 의미를 부여하는 것은 심리적인 부작용을 수반할 수밖에 없습니다. 그렇다고 해서 사막으로 도피하거나 세상을 떠나서 하느님 하고만 살겠다고 하는 것은 그리 좋은 방법이 아니라는 생각이 듭니다. 세상은 순간으로 이루어진 것이긴 하지만, 하느님께서는 세상 안에서 당신의 뜻을 깨닫고 성숙해지기를 원하시기 때문입니다. 그런데도 예전 교리를 들은 사람들 중에는 아직도 하느님이 주신 세상을 부정적으로만 생각하고, 스스로 도피자가 되기를 자처하는 사람들이 많습니다. 그런 사람들은 자칫 종교적 우울증에 걸리기 쉬우니 조심해야 합니다.

누군가는 세상을 귀양살이로 생각하기도 합니다. 스스로를 죄인으로 인정하고 있는 것입니다. 자신의 마음이 죄인의 마음이기에 세상이 감옥처럼 보이고, 인생살이가 귀양살이 같이 여겨지는 것입니다. 세상을 이런 눈으로 보는 사람들은 세상이 자신에게 주는 의미를 깨달을 수 없습니다. 그저 세상살이가 빨리 끝나기만을 기다릴 뿐이니 세상으로부터 아무것도 얻지 못합니다. 또한 이런 관점은 고통 안에서 성장이 이루어진다는 사실을 깨닫지 못하고, 그저 편안함만을 추구하려는 퇴행적인 삶의 자세에서 비롯되기도 합니다. 힘겨운 일이 생겼을 때 그 힘겨움 안에서 삶의 의미를 찾는 것이 아니라, 무조건 힘겨움을 피하는 방법을 알려 주는 도피적 수단만을 찾아다닙니다. 때문에 시간이 갈수록 점점 더 마음이 강해지고 생산적인 일을 하는 것이 아니라, 반대로 점점 더 미숙한 삶으로 빠져들게 됩니다.

하느님은 세상을 만드시면서 "보시니 좋았다."고 하셨습니다. 이 말씀은 세상살이가 사람에게 좋은 것을 준다는 약속의 말씀이기도 합니다. 만약 우리가 세상에서 어떤 의미도 발견하지 못하고 주님

앞에 나아간다면 주님께 내어 놓을 것이 아무것도 없는 신세가 되고 말 것입니다.

병이 있는 곳에
약도 있다니까요

　예수님이 고쳐 주신 많은 병자들 중 요한복음 5장에 나오는 병자는 아주 특별합니다. 38년이나 병석에 누워 있었는데도 어쩌면 그렇게 마음이 망가지지 않았는지 놀랍습니다. 38년을 누워 있다 보면 보통은 차라리 죽는 게 낫다고 생각할 것입니다. 오랜 투병 생활을 하는 환자들이 이구동성으로 하는 말은 하느님이 자신을 빨리 데려가시도록 기도해 달라는 것입니다. 그런데 복음에 나오는 이 병자는 삶에 대한 의욕이 대단했습니다. 데려가 주는 사람이 아무도 없는데도 자기 혼자 베데스다 연못에 가려 한 사실만 봐도 삶에 대한 그의 의지가 얼마나 대단했는지 알 수 있습니다. 그렇게 강한 마음을 가질 수 있었던 이유는 무엇이었을까요? 우울증에 빠지거나 스스로 목숨을 끊거나 하지 않고 어떻게 그토록 힘 있는 마음을 가질 수 있었을까요? 그것은 바로 삶에 대한 그의 마음가짐 때문이었을 겁니다.

　세상이 어떤 곳이냐고 물으면 자신이 처한 상황에 따라 각자 다른 대답들을 할 것입니다. 어떤 사람은 이만하면 좋다고 할 것이고, 어떤 사람은 지긋지긋한 세상 그만 끝내고 싶다고 할 것입니다. 심지어 누군가는 세상은 하느님께서 미워하는 사람들을 내팽개친 곳이라고 하기도 합니다. 그러나 18세기에 활동한 목사이자 약물학자였던 에드워드 스턴은 "조물주는 병이 있는 곳에 병을 고치는 약을 마련해 놓았다."라는 말을 했습니다. 열대 지방에는 말라리아를 전염시키는 모기들이 사는데, 그곳에는 '키나'라고 하는 약용 식물이 같이 자라고 있다고 합니다. 영국은 풍토가 음습해서 사람들이 신경통에 잘 걸리는데, 그곳에서 자라는 버드나무 껍질 속 '살리실산'이라는 성분이 해열 진통 작용을 한다고 합니다. 살리실산으로 만든 약이 바로 아스피린입니다. 또 북극 원주민인 에스키모들은 쌀과 채소가 없어서 바다 생선과 육류만을 먹는데도 뇌졸중, 심근 경색증 등 성인병이 없다고 합니다. 이는 등 푸른 생선이 불포화 지방산을 포함하고 있어서라고 합니다. 이처럼 사람이 사는 환경에는 그곳에 맞는 약들이 있듯이 우리가 사는 인생도 그렇습니다. 아무리 열악한 환경이라도 그곳에는 그것을 견딜 만한 힘을 주는 무엇인가가 반드시 있다는 것입니다. 요한복음 5장에 나오는 병자가 38

년을 버틸 수 있었던 것은 이런 마음가짐을 가졌기 때문이 아닌가 하는 생각을 해 봅니다. 자신을 살려 줄 자원을 찾는 데 마음을 쓰지 않고 허구한 날 신세 한탄이나 하고 살았다면, 그 병자는 주님을 만날 행운을 얻지 못했을 것입니다.

눈을 낮추면
비로소 보이는 행복

　우리는 인생을 맛에 비유해 이야기할 때가 많습니다. '살 맛 난다.', '죽을 맛이다.' 같은 말이 그렇습니다. 여러분은 어떨 때 살 맛 나고, 어떨 때 죽을 맛이 납니까? 당연히 사는 것이 재미있을 때 살 맛 나고, 재미없을 때 죽을 맛이 난다고 하시겠지요. 그런데 문제는 사람마다 재미에 대한 정의가 다르다는 점입니다.

　그래도 대체로 몸이 힘들 정도로 일이 많아도 일 자체가 재미있다면 인생이 살 맛 나지 않을까 싶습니다. 하지만 하는 일이 제대로 풀리지 않고, 하고 싶은 것을 하지 못하고 있거나, 갖고 싶은 것을 갖지 못하는 경우 인생살이가 너무 재미없다고 말할 것입니다. 마치 마음 안에 욕심 많고 심술 사나운 아이가 있는 것처럼 말입니다. 이런 경우의 사람들은 원하는 걸 가졌다고 해도 행복감은 잠시일 뿐 바로 싫증을 내고 다른 것에 욕심을 부립니다.

더 나은 삶을 바라는 게 뭐가 문제냐고 생각할 수도 있겠지만, 더 나은 삶을 바라는 것과 욕심은 엄연히 다른 성격을 지니고 있습니다. 욕심은 잠시도 지금의 상황에 만족하지 못하고 언제나 불만스러운 상태를 말합니다. 심술꾸러기 아이처럼 다른 아이의 손에 들린 사탕만 달라고 칭얼대는 것이지요. 이런 사람들은 원하는 것에 대한 눈높이를 낮출 필요가 있습니다. 그리고 세상 보는 눈은 넓혀야 합니다. 인생은 조금만 눈을 돌리면 나를 살맛나게 하는 일들 천지입니다. 눈높이를 조금만 낮추면 내가 가진 것의 고마움을 느낄 수 있습니다.

수도원에서 피정을 해 본 경험이 있으신가요? 수도원은 멀리서 보면 우아하고 아름다워 보이지만 그 안에서 살다 보면 불편한 게 한두 가지가 아닙니다. 가난한 삶이란 곧 불편한 삶을 말하는 것이지요. 그런데 신기하게도 그 불편한 곳에서 많은 사람들이 마음의 평온을 얻습니다. 그것은 바로 불편함 속에서 내가 가진 것들의 소중함을 체험하기 때문입니다. 너무 높거나 멀리 있는 재미에만 마음을 쓰지 마시고, 조금만 시선을 돌려 나의 마음을 행복하게 해 주는 것들을 찾아보십시오. 나를 행복하게 해 주는 것들은 의외로 가까운 곳에 있기도 합니다.

내가 나를 존중해야
다른 사람들도 따라합니다

"사람들이 저한테 불친절해요. 절 무시하듯 함부로 대합니다."라고 말하는 사람들이 있습니다. 이런 고민들은 상황에 따라 해석이 달라질 수 있지만, 다른 사람들이 나를 무시하는 원인의 상당 부분은 자기 자신에게 있는 경우가 많습니다.

우선 내가 먼저 다른 사람들을 함부로 대하거나 무시한 경우가 있습니다. 그럴 경우 다른 사람들이 나를 고운 눈으로 볼 리가 없습니다. 그런데 성격 장애를 갖고 있는 사람들은 자신의 문제를 인정하려 하지 않기 때문에 다른 사람이 자신을 대접해 주지 않는다는 사실에만 집착합니다.

다음으로는 열등감이 많거나 자기 연민에 빠져 매일 징징대며 사는 경우를 들 수 있습니다. 이런 경우 다른 사람들 눈치를 보느라

급급하기 때문에 주변 사람들에게 피로감을 줍니다. 그리고 결국 사람들에게 외면 당하게 되기도 하지요. 사람들은 강아지가 애처로운 눈으로 바라보면 안쓰러워합니다. 하지만 사람이 애처로워 보이면 동정심마저 피로감으로 변질되어 다가오는 것입니다.

이런 성격은 어떻게 해서 형성된 것일까요? 대개는 자식들에게 자녀 양육의 수고를 생색내는 부모 밑에서 자란 사람들에게서 이런 특성이 드러납니다. 부모 중에는 자녀를 돌보는 것에서 기쁨을 느끼는 것이 아니라 자식으로부터 감사를 받음으로써 자기 존재를 확인하고 싶어 하는 사람들이 있습니다. 이런 부모들은 자녀들에게 수시로 '너를 돌보는 것은 참으로 힘든 일'이라는 말을 합니다. 이런 부모 밑에서 자란 아이는 부모의 도움 하나하나를 다 고마워하고, 자신의 마음속에 자신은 타인으로부터 도움받을 만한 가치가 없는 사람이라는 생각을 심어 버립니다. 때문에 다른 사람의 도움을 받았을 때 지나치게 미안해합니다. 또 자신과 가깝지 않은 사람에게는 필요 이상으로 공손한 태도를 보이고, 반대로 자신과 가까운 사람에게는 제멋대로 굽니다. 자신과 가까운 사람이 자기를 중심으로 움직여 주지 않으면 불쾌함을 느낍니다.

이런 사람들은 어떤 부분을 어떻게 바로잡아야 할까요? 우선 다른 사람들이 나를 대하는 태도에서 자기 자신을 발견할 줄 알아야 합니다. 다른 사람이 나를 함부로 대하는 그 모습이 내가 내 자신을 대하는 태도와 닮아 있진 않은지 살펴보아야 합니다. 내가 내 자신을 무시하고 홀대하며 이해하려 하지 않고 막 대하면, 다른 사람들도 나를 그렇게 대할 수 있습니다.

만약 어떤 부모가 자기 자식을 함부로 대하고 가치 없는 존재처럼 취급한다면, 다른 사람들은 어떻게 할까요? 아마 그 부모와 똑같이 행동할 겁니다. 그 부모와 마찬가지로 그 부모의 자식을 무시하고 홀대할 겁니다. 내적 관계가 외적 관계로 이어진다는 말은 바로 이런 경우를 두고 하는 말입니다. 다른 사람이 나를 무시할 때 도대체 왜 그러는 것인지 아무리 생각해 봐야 소용없습니다. 답은 내 안에 이미 들어 있으니까요. 이유를 밖에서 찾으려 하지 말고 내 안에서 찾으십시오. 내가 가진 가치가 무엇인지, 내가 갖고 있는 나만의 자원이 무엇인지 스스로에게 묻고 대답하다 보면, 자기 존중의 길이 열리고 차츰 타인에게도 존중받는 내가 될 것입니다.

행복을
다른 곳에서 찾지 마세요

'미친 년 널뛰듯 한다.'는 말이 있습니다. 사람이 어떤 일을 하면서 왠지 넋이 나간 듯 천방지축일 때 사용하는 표현이지요. 몸은 이곳에 있는데 마음은 어디론가 떠돌고 있을 때, 사람의 눈은 힘을 잃고 정신도 집중력을 잃습니다. 그럴 때 사람들은 실수나 실언 등 마치 넋 나간 행동들을 많이 하게 됩니다.

왜 이런 현상들이 생길까요? 원인은 하나입니다. 마음이 지금 이곳에 있지 않기 때문입니다. 즉 마음을 잡지 못해서입니다. 그렇다면 왜 마음을 잡지 못하는 걸까요? 지금 여기서 행복을 찾지 못해서 그렇습니다. 집에서나 학교에서나 어디에서나 행복을 발견하지 못할 때, 마음은 다른 곳에서 행복을 찾기 위해 공중에 붕 뜬 것 같은 행동을 하게 되는 것입니다.

그렇다면 지금 자신이 발붙인 곳에서 행복하기 위해서는 무엇을 해야 할까요? 바로 감사하는 마음을 갖는 훈련을 해야 합니다. 기도 중에 주님이 내게 주신 것들이 무엇인가를 살펴보고, 그것의 의미를 맛보는 훈련을 해야 합니다. 그리고 모든 일에는 아픔과 고통이 따른다는 것을 받아들이는 것이 중요합니다. 벌을 키우다 보면 벌에 쏘이는 날도 있는 법이지요. 우리 인생의 목표가 오직 걱정으로부터 벗어나는 것이라면, 우리는 심리적 빈곤을 벗어나기 힘들 것입니다. 그러므로 무조건 걱정과 불안을 없애 달라고만 기도할 것이 아니라, 주님께서 어떤 일을 통해 내게 하시려는 말씀이 무엇인지에 마음을 기울이는 성찰을 할 필요가 있습니다.

저 역시 오랫동안 허공을 걷는 것 같은 느낌으로 살았습니다. 꿈을 꾸는 것도 아니고 깨어 있는 것도 아닌 상태로, 몽유병 환자처럼 살았습니다. 그때 저를 둘러싼 모든 것이 싫었습니다. 집도 싫고 가족도 싫고 심지어 한심하고 별 볼 일 없는 제 자신이 너무나도 싫었습니다. 그렇게 모든 것이 마음에 안 들고 싫었으니, 행복하기는커녕 늘 우울하고 죽고 싶은 마음뿐이었습니다. 그런 저를 주님께서 부르셔서 깎고 또 깎으셔서 사람을 만들고자 하셨습니다. 한참이 지나서야 그런 은총을 주신 주님께 감사하게 되었고, 살아 있음에 감사하는 마음을 갖게 되었습니다. 철이 드는 데 참 오랜 시간이 걸렸습니다. 이런 과정을 겪고 보니 사람들에게 진심으로 이렇게 권하고 싶습니다. 마음을 잡지 못하고 행복하지 못하다는 생각이 들수록 마음의 문을 열고 과감히 사람들을 향해 걸어 나가십시오. 그럴 때 인생의 참맛을 알게 되고, 주님께서 내게 주신 것들의 의미를 깨닫게 될 테니까요. 그리고 다른 먼 곳이 아닌 지금 내가 발 딛고 있는 이 곳에서 참행복을 느끼게 될 것입니다.

새 술은
새 부대에

　우리는 다른 사람에게 충고하기를 그다지 어려워하지 않습니다. '이건 이래야 하고 저건 저래야 해.' 하고 아주 쉽게 말하곤 합니다. 그러나 자기 자신을 변화시키는 일은 몹시 힘들어합니다. 왜 그런 것일까요?

　변화하는 것에 대한 두려움 때문입니다. 평소에는 무엇인가 달라지고 싶다, 나 자신을 바꾸고 싶다, 이젠 이렇게 살지 않을 거다 하다가도 막상 변화를 시도하려고 하면 왠지 기운이 빠져서 그냥 살던 대로 살겠다며 제자리에 주저앉아 버립니다. 낯선 곳으로 가는 두려움이 큰 것이지요. 변화를 꾀하다 보면 처음이라서 겪어야 하는 어려움, 적응의 어려움이 있습니다. 마치 새로운 연장을 다뤄야 할 때와도 같은 낯설음입니다. 늘 하던 일에는 능숙하지만 처음

할 때의 서투름은 자존심이 상하는 법입니다. 이런 요인들 때문에 변화하기를 망설이게 됩니다.

또 하나의 이유는 불편함입니다. 사람이 하는 일은 어떤 것이든 한 단계 앞으로 나아가기 위해 반드시 불편함을 겪어야 합니다. 불편함은 새로운 것에 적응하기 위해서 겪어야 하는 피할 수 없는 단계입니다. 문제는 사람은 불편함을 피하고 편안함을 추구하는 본성을 가지고 있다는 것입니다. 주님께서는 새 술은 새 부대에 담아야 한다고 하셨는데, 인간 본성은 그냥 살던 대로 살고 싶어 한다는 것입니다. 살던 집에서 그냥 살거나 만나던 사람들을 계속 만나게 되는 것은 인간의 본성입니다. 그래서 영성가들은 인간은 변화하고 싶은 욕구와 변화하지 않으려는 마음 사이에서 갈등하는 존재라고도 말했습니다.

변화를 시도하는 사람들은 변화 자체를 즐깁니다. 변화뿐만이 아니라 변화 과정에서의 불편함이나 불쾌함까지도 즐깁니다. 그렇게 과정을 즐기는 경지가 되면 마음도 상당히 여유로워지고, 생각도 넓어지게 됩니다. 반면, 변화를 시도해 본 적이 없는 사람들은 다른 사람의 변하지 않는 모습에 잔소리는 많으면서도 막상 자신은 변화하지 않으려 합니다. 이런 모순에 빠지지 않고 참된 변화를 실천하기 위해서는 자기 자신부터 차분하고 냉정하게 돌아보는 과정이 필요합니다.

행복은
내 안에 있습니다

　다른 사람들에게 속을까 봐 전전긍긍하는 사람들이 있습니다. 속고 난 뒤에 하느님을 원망하기도 합니다. 왜 내가 속는 걸 보면서 가만히 보고만 계셨냐고 항의하는 것입니다. 물론 속는 것은 억울한 일입니다. 그러니 억울한 일이 일어나지 않게 막으려면, 어떤 모험도 시도하지 않으면 됩니다. 가지 않던 길은 절대로 가지 않고, 계획에 없던 즉흥적인 일은 절대로 하지 않으며, 항상 원리 원칙에 따라 살던 대로 살면 됩니다. 하지만 이렇게 다람쥐 쳇바퀴 돌듯 살다 보면 삶은 단조로워집니다. 짜증이 나고 무기력해지지요. 심지어 냉소적이 되기도 합니다. 내 안의 열정은 다 식어 버리고, 마치 무 맛이 나는 배처럼 살게 됩니다.
　살다 보면 때로 배신도 당하고 속는 것도 감수할 필요가 있습니다. 죽은 듯이 단조롭게 살면 모를까 배신과 속임수에 한 번도 당하지 않고 살기는 어렵습니다. 인간은 호기심이 많은 존재입니다. 그러므로 단조롭게만 살 수 없습니다. 만에 하나 세상에 속을 수 있어도 언제나 새로운 인간관계를 추구하는 것이 인간의 숙명입니다. 그러므로 배신당한 자신을 바보 같다고 질책하지 말고 털고 일어나 새로운 것을 찾아나서야 합니다. 그래야 인생이 풍요로워집니다.

　나의 삶을 개선시킬 사람은 나뿐입니다. 행복은 내 안에 달려 있지 외부 조건에 의해 좌지우지되는 것이 아닙니다. 내가 긍정적인 방향으로 바뀔 때, 다른 사람들도 나를 따라서 변화됩니다. 다른 사람들이 내 생활을 개선하고 나를 행복하게 해 주기 위해 내가 원하는 대로 변해 주지는 않습니다. 그러므로 다른 사람들을 변화시키려 애쓰지 말고, 상황을 한탄하는 데 시간을 흘려보내지 마십시오. 차라리 그럴 시간에 행동하십시오. 그럴수록 눈에 보이지 않는 불안은 줄어듭니다. 생각에서만 머물지 않고 무엇인가를 할 때, 그것이 비록 작은 일일지라도 안도감을 느낄 수 있습니다. 위험을 인지하고 그에 대응하여 행동하도록 준비할 수 있기 때문입니다. 그렇게 문제 해결을 위한 해결책을 향해 조금씩 나아갈 수 있습니다.

　내가 내 자신의 문제에 이렇듯 책임 의식을 갖고 행동하면, 다른 사람들도 긍정적으로 반응합니다. 머뭇거리지 않고 발걸음을 떼면 정서적인 지지자들이 생겨나는 것입니다.

문제 앞에서 늘 뒷걸음만 치는 사람들에게 아래와 같은 충고를 하고 싶습니다.

첫째, 책임 전가의 일시적 기쁨을 포기하라.

둘째, 자신을 측은히 여기되 변명은 하지 마라.

셋째, 할 수 있는 일에만 관심을 두라.

넷째, 필요한 능력을 기르고 합리적, 단계적 계획을 수립하고 실행하라.

다섯째, 현재 자신이 갖고 있는 자원을 돌아보고, 그 목록을 정직하게 작성하라.

주님도
잠시 멈추셨습니다

주님이 돌아가시고 부활하기까지 걸린 3일이라는 시간에 대해 생각해 봅니다. 누군가는 "왜 주님은 사흘 동안이나 시간을 허비하셨을까?"라고 의문을 제기합니다. 주님이라면 무슨 일이든 할 수 있으셨을 텐데 시간을 낭비했다는 것입니다. 하지만 이 3일이 갖는 의미가 있습니다. 이는 '창조적 공백'을 의미합니다.

사람의 마음은 욕구 충족을 위해서 무엇인가를 끊임없이 시도합니다. 그런데 한 가지 욕구가 충족되고 나면 새로운 욕구가 생기기 전까지 심리적인 공백이 생깁니다. 이 심리적인 공백은 누구에게나 있는 것인데, 우리는 이것을 아주 싫어하는 경향이 있습니다. 그래서 이것을 메우려고 여러 가지 무리한 방법들을 동원합니다.

그러나 영성 심리에서는 이것을 창조적인 공백이라 하여, 다음

단계로 나아가는 도약의 기간으로 여깁니다. 창조적 공백을 갖는 다는 것은, 밥을 먹고 나서 곧바로 움직이지 않고 쉬는 시간을 갖는 것과 같습니다. 소화시키는 시간을 가진 후에 다른 일을 해야 능률이 오르기 때문입니다. 이 공백은 아무것도 하지 않는 시기가 아니라, 재충전을 하면서 그동안 살아온 날들을 정리하는 아주 중요한 시간입니다. 사회에서 성공한 사람들은 대체로 이 원칙을 잘 지킨 삶을 삽니다. 주님 역시 무덤에서 사흘간의 공백기를 가진 후 공생활을 추스르시고, 부활이라는 엄청난 사건을 일으키셨습니다.

사람, 동물, 땅, 물건 등 모든 만물에게는 쉬는 시간이 필요합니다. 이런 쉬는 시간을 게으른 시간 낭비라고 생각하지 마십시오. 그런 생각은 하느님께로부터 온 생각이 아니라, 내 안의 자기 파괴적 속성에서 나온 생각이니 경계하셔야 합니다.

저에게도 공백의 시간이 있었습니다. 그때 당시에는 그 시간들이 너무 지루했고 하루하루가 짜증이 났습니다. 더 큰 문제는 시간이 가면 갈수록 심리적으로 황폐해져갔다는 사실입니다. 열정을 쏟을 대상이 없다는 게 심리적으로 얼마나 힘든 일인지를 절실히 체험한 시간들이었습니다. 하지만 지금에 와서 돌이켜 보면 모두 하느님의 계획으로 주어진 공백이었다는 생각이 듭니다. 그런 시간들이 있었기에 사제가 된 이후의 삶을 더 뜻깊고 감사하게 살아 낼 수 있었으니까요.

창조적 공백이 무엇인지를 온몸으로 보여 주는 사람들이 있습니다. 바로 수도원에서 가난하고 단순한 삶을 살면서 기도에 매진하는 수도자들입니다. 물질만능주의가 팽배한 이 사회에서 모든 사람의 존재 의미를 찾고 영혼이 병든 사람들을 위해 기도하는 삶을 사는 사람들이지요. 혹자들은 이들을 비웃기도 합니다. 사회적으로 아무런 결실도 내지 못하고 무위도식하는 사람들이라고요. 하지만 돈과 사람에 치여 희망을 잃은 사람들에게 작은 등불이 되어 주고자 노력하는 수도자들이 없다면 사람들은 어둠 속에서 길을 잃고 헤맬지도 모릅니다. 영악한 사람들 눈에는 바보같이 사는 이러한 수도자들 덕분에 그나마 이 사회가 온기를 유지하고 있는지도 모릅니다.

혼자 가는 길,
끝없는 배움의 길

사람은 태어나서 죽을 때까지 길을 가는 존재입니다. 가는 길이 험하든 평탄하든 간에 사람은 누구나 자신의 길을 가야 합니다. 그래서 인생을 나그네길이라고 하는지도 모릅니다. 우리가 가야 하는 길에는 몇 가지 특징이 있습니다.

첫째, 우리가 가는 길은 혼자만의 길입니다. 아무도 나와 함께 가 줄 수 없습니다. 아무리 정이 깊은 부모, 형제일지라도 자신이 가는 길을 대신 가 줄 사람은 아무도 없습니다. 특히 죽음 이후의 길은 더 그렇습니다. 그래서 인간은 태생적으로 고독한 존재라고 하나 봅니다. 그런데도 우리는 종종 나와 가장 가까운 사람이 언제까지나 나와 함께 있어 줄 것이라고 착각하며 삽니다. 그리고 그런 착각이 집착, 외로움, 분노를 낳고, 온갖 마음의 병을 만들어 냅니다. 그릴 때 우리는 하느님을 찾아야 합니다. "제가 비록 어둠의 골짜기를 간다 하여도 재앙을 두려워하지 않으리니 당신께서 저와 함께 계시기 때문입니다."(시편 23,4)라는 구절처럼, 오로지 주님께 모든 두려움을 맡겨야 합니다.

둘째, 우리가 가는 길은 배움의 길입니다. 우리는 이 길을 가면서 수많은 것들을 만나고 경험하면서 인생이란 무엇인지, 무엇이 참행복인지를 깨닫습니다. 사람이 추구하는 행복은 참으로 다양합니다. 보통 무병장수, 성공한 자식, 재물의 축적을 행복이라고 생각하지만, 그런 것들은 영원하지 않습니다. 그것들은 더 높은 곳으로 올라가기 위한 받침대일 뿐, 그 이상도 그 이하도 아닙니다. 이러한 진리는 자신만의 길을 가다 보면 여러 가지 것들을 경험하면서 자연스럽게 깨닫게 됩니다.

셋째, 인생은 우리의 선택에 의해 만들어진다는 것입니다. 사람은 어떤 길은 어쩔 수 없이 가야 하지만, 대부분의 길은 스스로 선택해서 갑니다. 그 길이 좋든 싫든 모두 다 스스로 선택한 것입니다. 따라서 자신의 인생을 원망하는 것은 자신의 선택을 원망하는 것이나 다름없습니다.

'사람은 어떤 존재인가?'라는 질문에 대한 답은 참으로 여러 가지입니다. 그중 하나가 신학적 인간론인데, 여기에서는 인간을 '자유의지'를 가진 존재라고 합니다. 하느님이 인간을 당신 마음대로 하지 않으시고, 인간 스스로 삶을 만들어 가도록 자유의지를 주셨다는 것입니다. 그런데 이 이론에 대해 많은 사람들이 이의를 제기합니다. 마음대로 되는 것이 아무것도 없는데, 자유의지가 웬 말이냐고 합니다. 물론 그 이야기에 수긍이 가는 면도 있습니다. 그러나 여기서 말하는 자유의지라는 것은 자기 마음대로 할 수 있다는 의미가 아니라, 주어진 상황 안에서 자신의 욕구 충족을 위해서 나름대로 선택을 할 수가 있다는 뜻입니다. 심리학자 윌리엄 글래서는 정신 질환, 알코올 중독, 마약 중독조차도 사실은 자유의지에 의한 선택이라고 말했습니다. 이렇듯 선택의 연속으로 이루어진 게 인생인 만큼 그 선택이 자신을 위한 선택이 될 수 있도록 이로운 길을 가야 합니다.

넷째, 인생은 분리의 연속입니다. 아이가 정신적, 육체적으로 성장하려면 부모로부터 분리되어야 합니다. 어린 나무는 서로 붙여서 심어야 바람이 불어도 서로 기대며 잘 자라지만, 다 커서도 간격이 좁으면 성장이 안 됩니다. 사람도 이처럼 어린 시절에는 부모가 필요하지만 성장하면서 점차 부모 곁을 떠나야 합니다. 그리고 새로운 부모와 스승을 만나야 합니다. 그러다 목표한 성장을 이루게 되면 그 스승으로부터도 독립해야 합니다. 주님께서는 사람을 선생이라고 부르지 말라고 하셨습니다. 어느 기간 동안의 스승은 있지만 내 생애 마지막까지의 스승은 없기 때문입니다. 스승을 찾는 시기가 끝나면, 다음에는 내가 모르는 한 수를 가진 사람들을 찾아 나서 게 됩니다. 이렇듯 평생에 걸쳐 분리를 하는 것이 인생입니다.

사람의 인생에서 빼놓을 수 없는 것 중에 하나는 배움입니다. 사람은 끊임없이 학습하는 존재입니다. 아무리 나이가 들어도 늘 무엇인가를 배우고 익히며 살아야 합니다. 그러나 그렇게 사는 것이 쉬운 일은 아닙니다. 사람은 여러 가지 한계를 지니고 있기 때문입니다.

첫 번째 한계는 악습입니다. 악습이란 어떤 것을 지속적으로 반복하면서 몸과 마음에 밴 잘못된 습관을 말합니다. 그렇게 익숙해진 것은 쉽사리 바뀌지 않습니다. 바늘 도둑이 소 도둑 된다는 말처럼, 심해지면 심해졌지 덜하진 않게 됩니다. 두 번째 한계는 고집입니다. 고집이란 세상 사물을 여유 있게 보지 못하게 하는 걸림돌입니다. 좋은 것이든 좋지 않은 것이든 상관하지 않고, 자기가 원하는 것과 자기 눈에 들어오는 것만을 보게 합니다. 고집에는 중독성이 있어서 더 문제입니다. 고집이 센 사람들은 자신이 옳다고 믿는 것 외엔 잘 새겨듣거나 배우려고 하지 않습니다. 처음에는 자기 신념이라고 하다가, 시간이 가면서 여러 가지 미사여구를 붙이고, 심지어 하느님을 운운하며 과대 표현까지 합니다.

악습과 고집을 고치는 것은 참으로 힘겨운 일입니다. 예를 들어, 오른손잡이인 사람에게 오늘부터 왼손으로 식사하라고 한다면 어떨까요? 불편하기 이를 데 없겠지요. 우스갯소리로 "그냥 이대로 살다 죽을겨."라는 말도 하지 않습니까. 그만큼 무언가를 변화시킨다는 건 어려운 일입니다. 하지만 어려워도 시도해야 합니다. 새로운 것을 배워나가기 위해서라도 변해야 합니다. 나 자신은 물론 다른 사람까지 힘들게 하는 악습과 고집은 부숴야 합니다. 악습과 고집 속에 살아가는 사람은 대부분 훗날 외로워집니다. 아무도 곁에 남아 있지 않습니다. 평생 다른 사람을 힘들게 했을 텐데 누가 날 이해해 주며 옆에 있어 줄까요?

이러한 한계를 없애기 위해서는 마음의 문단속을 잘해야 합니다. 마음이 마냥 열려만 있어서도 안 되고, 마음이 굳게 닫혀만 있어서는 더욱 안 됩니다. 마음이 무작정 열려 있으면 유해한 것들까지 쳐들어와 혼란을 만들어 냅니다. 반면 마음이 너무 닫혀 있으면 악습과 고집을 부수고 새롭게 변할 수 없습니다. 그렇게 되면 마음은 성장을 멈춥니다. 그러므로 마음을 적당히 열어 마음속을 환기시키고, 새로운 경험을 받아들이되 그것을 자신의 것으로 만들기 위해 마음을 닫고 되새김질 하는 시간도 가져야 합니다. 주님께서는 늘 사람들과 함께 하셨지만, 때로는 사람을 피해 산으로 가시기도 하셨습니다. 이는 여닫음의 법칙을 당신 삶으로 보여 주신 예입니다.

꼰대인가
어르신인가?

나이를 먹으면 '꼰대'라는 말을 듣습니다. 꼰대는 신조어가 아닙니다. 사실 오래 전부터 있어 온 말이지요. 표준어가 아닌 은어로, 사전을 찾아보면 '늙은이를 이르는 말'이라고 설명되어 있습니다. 늙은이나 꼰대나 모두 듣기 좋은 어감은 아닌 것 같습니다. 그런데 같은 연배인데도 꼰대가 아닌 어르신이란 말을 듣는 분들도 계십니다. 그 이유는 무엇일까요? 어떤 차이가 꼰대와 어르신을 구별 짓는 것일까요?

먼저 어르신은 다른 사람들의 말을 경청합니다. 수많은 경험을 통해 아는 것이 많다 해도, 해 주고 싶은 말이 먼저 앞서도, 우선은 말하는 사람의 이야기부터 주의 깊게 들어 줍니다. 우선은 들어 주는 것이 어른의 미덕임을 잘 아는 것이지요. 반면에 꼰대라 불리는 사람들은 젊은 사람들의 말을 듣기는커녕 말을 자르거나 폭풍 잔소리를 하면서 자아도취에 빠집니다. 젊은 사람들의 생각을 가볍게 여기는 마음이 깔려 있는데다가 다른 사람의 말을 듣기보다는 자신의 말을 더 많이 하고 싶은 이기적이고 미성숙한 인격을 지닌 탓도 있을 겁니다.

 다음으로 어르신은 자신이 머물러야 할 때와 떠나야 할 때를 잘 압니다. 자신이 다른 사람들에게 꼭 필요한 순간일 때, 그 자리를 묵묵히 지키며 존재만으로도 힘을 보탭니다. 그리고 자리를 내어 주거나 비켜 줘야 할 때를 정확히 판단하고 홀연히 퇴장합니다. 반면에 꼰대라 불리는 사람들은 뭉그적거리는 것을 잘합니다. 물러나야 할 때를 아는지 모르는지 온갖 핑계를 다 대며 버팁니다. 그리고 자신이 머문 자리를 제대로 정돈해 놓지 않습니다. 직장을 예로 들면, 그런 사람들이 머물렀던 자리에 온 후임자는 전임자가 벌려 놓은 무책임한 일들을 처리하느라 온갖 곤욕을 치르게 됩니다.

 마지막으로 어르신은 늘 자신의 학문이 부족하다 여겨 나이를 잊고 공부에 매진합니다. 배워도 배워도 끝이 없고 자신이 한없이 부족하다 여기며 꾸준히 지식을 쌓아 갑니다. 반면 꼰대라 불리는 사람들은 공부 같은 것은 안중에도 없습니다. 늘 다른 사람 험담하는 재미로 살고 자신은 어디를 가나 대접받아야 한다고 생각합니다. 조금이라도 소홀히 대했다가는 어른에게 예의 없이 군다고 야단을 치고 신경질을 부립니다.

저는 사제 생활을 하면서 신자들에게 꼰대가 아닌 어르신이 되려고 애를 썼습니다. 어쩌면 사제 생활이란 것 자체가 꼰대가 아닌 어르신이 되려고 발버둥치는 삶이 아닐까 싶기도 합니다. 그런데 문득 돌아보면 부끄럽기도 합니다. 아무래도 어르신보다는 꼰대에 가까웠던 것 아닐까 자문하게 됩니다. 요즘은 젊은 사람들이 제게 쉽게 다가오지 못하면 덜컥 겁이 나기도 합니다. 여전히 꼰대로 살고 있는 건가 걱정이 앞섭니다. 이야기 나온 김에 본당 사목을 하면서 불쑥 튀어나왔을지 모를 저의 꼰대질에 상처 입은 분들께 미안하고 감사한 마음을 전하고 싶습니다.

가난에 대하여

　가난한 사람은 행복하다는 주님의 말씀은 여러 가지 면에서 오해받고 왜곡되기도 합니다. 사람이 행복하기 위해서는 무조건 가난해야 한다는 뜻이라고 주장하는 사람들도 있고, 주님께서 부자들을 미워해서 하신 말씀이라고 하는 사람들도 있습니다. 그러나 저는 주님 말씀의 진짜 의미에 대해 이렇게 생각합니다. 주님은 마음의 가난함에 대해서 말씀하신 것이라고 말입니다.

　그렇다면 마음이 가난한 상태는 무엇일까요? 영성 심리학에서는 '심리적으로 과잉 에너지를 갖지 않은 상태' 혹은 '약간의 스트레스를 받은 상태'를 마음이 가난한 상태라고 말합니다.

　사람이 과식이나 포식을 하면 생리적인 정체 현상이 나타납니다. 그렇게 되면 몸이 무겁고 불쾌해집니다. 그리고 시간이 지날수록 육체적인 욕구에 더 시달리게 됩니다. 때문에 무엇을 먹든 약간 배고픈 듯 적당히 먹는 것이 좋겠지요. 정신도 마찬가지입니다. 조금의 스트레스도 없이 평화롭기만 한 마음을 상상해 보십시오. 그런 마음이 있기나 한 건진 모르겠지만, 포만감에 젖은 정신은 건강하다고만 볼 수는 없을 겁니다. 적당한 스트레스가 스며들어 내 몸과 마음이 엉뚱한 곳으로 흘러가지 않도록 조절도 해 주고 소중한 것이 무엇인지도 되새길 수 있는 상태가 바로 마음이 가난한 상태입니다.

그러나 현실에서는 마음의 가난함을 유지하기가 참으로 어렵습니다. 많은 신자들이 마음을 비우기가 어렵다고 하소연합니다. 당연한 말입니다. 사람의 마음은 애초에 완전히 비울 수가 없는 것이니까요. 걱정은 내려놓을 수 있어도 마음의 욕구는 쉽게 비울 수 있는 것이 아닙니다. 마음은 항아리와 같기 때문입니다. 항아리 안의 내용물이 아래에서부터 위로 채워지듯이, 욕구도 하위 욕구부터 채워진 다음에야 상위 욕구를 채울 수 있는 것이지요.

특히 성장 과정에서 심한 욕구 결핍에 시달린 기억을 가진 사람들은 그 마음 안에 불안감이 깔려 있어서 늘 허기진 아이처럼 포식하기만을 바라기 때문에 가난한 마음을 갖기 어렵습니다. 또한 심리적으로 상처가 많아서 작은 스트레스에도 큰 타격을 받는 사람들 역시 어렵습니다. 이런 사람들은 가난한 마음을 가지기에 앞서 상처를 치유하고 결핍 욕구를 채우는 것부터 먼저 해야 합니다. 비울 여력이 없으니 채우기부터 하는 것이므로 부끄러워할 필요가 없습니다.

가난하게 사는 것이 성인 신부가 되는 길일지도 모른다고 생각하며 산 적이 있었습니다. 옷도 먹는 것도 다 가난하게 살려고 애썼습니다. 제 스스로 정해 놓은 절제의 기준에서 벗어나면 심하게 자책하고 더 가난하게 살려고 노력했습니다. 심지어 음식에서 맛을 느끼는 것조차 죄책감으로 다가올 정도로 가난한 삶에 대한 강박이 심했습니다. 일종의 방어 기제가 발동한 것인데, 어쩌면 제가 지닌 문제를 가난해 보이는 삶으로 덮고 변명하고 싶었던 것일지도 모르겠습니다. 진정한 가난의 의미보다는 외적인 청빈에 집착한 결과였습니다. 여러분은 예전의 저처럼 가난한 삶에 대한 강박에 짓눌리지 마시고 가난의 참된 의미를 찾는 것에 마음을 쓰시기 바랍니다.

행복과 불행은
등을 맞대고 있습니다

　사람은 누구나 행복을 추구합니다. 신앙생활도 행복을 추구하는 과정의 하나입니다. 믿음으로 드리는 기도를 통해 마음과 물질의 균형 잡힌 행복을 얻고자 하는 것이 신앙생활입니다. 예수께서도 성경에서 당신이 그런 행복을 주시는 분이란 약속을 여러 번 하십니다.

　그런데 가끔씩 진정한 행복이 무엇인지 개념조차 잡기 어려울 때가 많습니다. 그래서 행복이란 무엇인가에 대한 영성적인 개념에 대해 말씀드릴까 합니다.

　첫째, 행복이란 일시적인 감정과는 다릅니다. 젊은 사람들일수록 서로 행복하다는 말을 자주 주고받습니다. 작은 선물 하나만 받아도 행복하다고 말합니다. 그런 작은 감동도 행복의 범주에 들어

갈 수 있습니다. 그러나 진정한 행복은 일시적인 것이 아니라, 마치 강바닥을 유유히 흐르는 물줄기와도 같습니다. 강물 위의 잔물결이 아닌, 유유자적하게 흐르는 커다란 줄기를 말하는 것이지요. 이런 큰 흐름의 행복은 좋다 나쁘다는 이분법적인 관점으로 따질 수 있는 것이 아닙니다. 흐름 그 자체를 행복으로 보는 것입니다.

둘째, 행복이란 삶 전체를 놓고 볼 때 의미가 있어야 합니다. 순간의 의미라기보다, 힘이 든 적도 있었지만 결국엔 내 인생에 도움이 되었다는 느낌, 돌아보니 괜찮았다는 느낌을 행복이라고 말할 수 있습니다. 우리가 추구한 행복이 돌아서서 보니 허탈한 느낌을 갖게 한다면, 그것은 참행복이라고 할 수 없습니다. 복권을 예로 들어 볼까요? 복권을 구입해서 발표를 기다리는 동안은 행복합니다. 만약 당첨이 된다면 무엇을 할지 생각하는 것만으로도 무척 설렙니다. 하지만 당첨이 되지 않으면 어떻습니까? 허탈하지요. 이런 것은 행복이 아닙니다. 그렇다면 밭에 씨를 뿌리고 가꿔 열매를 맺는 일은 어떻습니까? 씨를 뿌리는 기쁨과 열매를 거두는 기쁨을 동시에 얻을 수 있지요. 행복은 이처럼 무엇을 얻고 얻지 못하고, 혹은 좋거나 나쁘다는 물리적 비교의 산물이 아니라, 의미의 문제인 것입니다. 즉 깨우침과 깨달음의 차원인 것입니다.

사람들은 행복의 기준을 사회적 성공과 실패에 두기도 합니다. 성공과 실패는 사람을 극단적으로 평가할 때 사용하는 이분법적인 표현입니다. 대개 우리는 어떤 사람이 공부 잘해서 돈 잘 벌고 유명해지면 성공했다, 그렇지 못하면 실패했다고 생각합니다. 이런 절대적인 평가는 바람직하지 않습니다. 왜냐하면 인생에서의 진정한 성공은 외적 조건보다는 내적인 만족감과 깊은 함수관계를 맺고 있기 때문입니다. 외적으로 많은 것을 가지고 있다 하더라도 내적 만족감이 없다면 그 사람은 성공한 사람이 아닌 것입니다.

그러나 내적 만족감을 갖게 되는 것은 쉽지 않습니다. 우리는 어느 정도 불행하다는 마음을 갖고 살아가기 때문입니다. 하지만 많은 영성 심리학자들은 불행이란 행복을 추구하는 과정에서 어쩔 수 없이 생기는 부산물이라고 말합니다. 꿀을 먹는 과정에 비유해 보면, 꿀을 얻기 위해서는 벌을 키워야 하고, 벌을 키우다 보면 벌에 쏘이는 일도 생깁니다. 사람이 살아가는 모습도 이와 비슷하지요. 무언가를 얻기 위해서는 원치 않는 일도 겪게 됩니다. 그 순간 우리는 불행을 느끼게 되는 것입니다.

인간은 크든 작든 불행한 감정을 떼어 낼 수 없습니다. 그렇기에 불행의 크기를 줄이는 노력을 하는 것도 방법입니다. 인생은 여행, 나는 여행자라고 생각하며 살아가는 것도 나쁘지 않습니다. 여행 잘하는 사람들을 보면 잘 먹기, 잘 배설하기, 잘 자기, 잘 놀기, 잘 대화하기 등을 잘합니다. 삶에서도 마찬가지입니다. 살면서 이것저것 가리지 않고, 쌓인 것을 잘 털어놓고, 열린 삶을 사는 사람들은 인생길에서 만나는 장애물들을 비교적 잘 해결합니다. 덜 불행하게 사는 것이지요.

　불행이란 참으로 지겹고 괴로운 것입니다. 그렇다고 해서 불행이 감당하기 어려운 것만은 아니니 너무 걱정하지 마십시오. 우리가 인생길에서 만나는 어려움들을 여유롭게 잘 털어 버리고 풀어가면서 살아간다면, 훨씬 가벼운 마음으로 지고 갈 수 있는 것이 불행이라는 것을 잊지 마십시오. 그리고 이렇게 불행을 가볍게 지고 갈 때 내적 만족감을 갖는 게 더 수월해집니다. 우리가 행복하다는 느낌을 자주 받게 된다는 말이지요.

나에게 주는
선물

 사람들은 일을 하고 난 뒤 반드시 뒤풀이를 합니다. 일을 하는 동안 쌓인 여러 가지 감정들을 푸는 것이지요. 어떤 분들은 이런 뒤풀이를 보고 일은 하지 않고 놀기만 하려고 한다고 합니다만, 피로를 풀고 앞으로의 계획을 정리할 시간을 갖는다는 의미에서 뒤풀이는 심리 치료적인 효과를 가지고 있습니다.

 뒤풀이는 내가 스스로에게도 해 주어야 합니다. 심리학에서는 이것을 내재적 보상이라고 합니다. 내재적 보상이란 일을 열심히 한 나에게 내가 상을 주는 것입니다. 청소를 하고 난 후 조용히 커피 한 잔을 한다든가, 일을 마치고 바람을 쐰다든가 하는 것들입니다. 오래 전 유명한 광고 문구 중에 이런 말이 있었지요. '열심히 일한 당신 떠나라.' 이처럼 무언가를 힘들게 해낸 후 자신이 좋아하는 것을 통해 쌓인 스트레스를 효과적으로 풀어 주는 것을 내재적 보상, 자기 위로라고 합니다.

어린아이들은 심부름을 하고 난 후 그에 대한 보상으로 선물을 받기도 합니다. 아이들은 선물받는 재미로 심부름을 하지요. 그런데 이런 마음은 아이나 어른이나 다 마찬가지입니다. 어른들도 아이들처럼 일을 하고 난 후에는 상을 받고 싶어 합니다. 그러나 아무도 내게 상을 주는 사람이 없을 때에는 내가 나에게 상을 주어야 합니다. 그래야 힘겨운 일을 하면서도 마음이 즐거울 수 있습니다. 아무런 내재적 보상 없이 힘든 일만 계속하게 되면 과부하가 걸려 오히려 일의 능률이 떨어집니다. 일하면서 느끼는 즐거움과 일의 효율 두 가지를 모두 놓치게 되는 셈입니다. 주님께서도 "고생하며 무거운 짐을 진 너희는 모두 나에게 오너라. 내가 너희에게 안식을 주겠다."(마태 11,28)라고 하셨습니다. 이 말씀은 일하는 자에게 기쁨과 마음의 보상을 주신다는 말씀입니다.

하지만 일 중독증에 걸린 사람이나 휴식을 게으름이라고 생각하는 강박적인 신앙관을 가진 사람들은 내재적 보상을 받지 못하는 경우가 많습니다. 휴식을 취하려는 자신을 단죄하기 때문입니다. 쉬지 않고 일만 하고, 아무런 마음의 위로도 받지 못한다면 결국 지치고 짜증스런 상태에 빠져 무기력에 이르기도 합니다. 쉬지 않고 장거리 운행을 하다가 퍼져 버리는 자동차처럼 말이지요. 내가 나에게 상을 주는 것이 어려운 분들은 일을 마친 후 주님에게라도 위로를 청하시기 바랍니다. 주님께서는 자신을 혹사만 시키고 돌보지 않는 당신 자녀를 안쓰럽게 여겨 당신 곁에 잠시 앉아 쉬며 숨을 고를 수 있는 은총을 주실 것입니다.

건강한 욕구는
나를 성장시킵니다

사람의 마음에는 끊임없이 욕구가 차오릅니다. 욕구는 종류도 다양하고 양도 많습니다. 우리 교회에서는 이런 욕구들을 부정적인 시각으로 보는 경향이 있습니다만, 건강한 삶을 살아가려면 기본적인 욕구들은 채워져야 합니다. 기본적인 욕구가 채워진 사람들은 자신의 정체성을 쉽게 깨닫고, 인생을 살면서 해야 할 일이 무엇인지 잘 압니다. 또 자신을 둘러싼 환경과 쉽게 소통합니다. 즉, 삶과 자연에 대하여 공동체적인 공감, 존중하는 마음, 관용적 태도를 갖습니다.

반대로 기본적인 욕구가 채워지지 않으면 소위 결핍 증후군에 시달리게 됩니다. 즉, 심리적으로 불안정해집니다. 열등감에 시달리고, 사람에 대한 불신이 쌓이며, 삶에 대하여 무의미한 체험만을 되풀이하게 됩니다. 또한 성향이 종속적이어서 자신을 통제해 줄 권위적인 사람을 찾습니다. 즉, 자신의 욕구를 대신 충족시켜 줄 사람을 찾는 것입니다. 그리고 여러 가지 사상들을 탐색하면서 자기 생각을 만들어 가는 것이 아니라, 의지할 수 있는 외적 가치나 경직된 이데올로기를 선택하여 전적으로 의지합니다. 즉, 강요된 속박을 필요로 하는 노예적인 삶을 사는 것입니다.

  욕구는 모든 섭리가 그렇듯 하위 단계부터 제대로 채워야 내적 성장을 할 수 있습니다. 그런데 사람에 따라서 욕구의 업그레이드가 잘 되기도 잘 안 되기도 합니다. 그것은 어린 시절과 깊은 연관이 있습니다. 어린 시절에 지나치게 가난하고 힘들게 살았거나, 부모로부터 제대로 인정받지 못하고 살아온 사람들은 욕구의 단계를 뛰어넘는 것을 너무도 어려워합니다. 채워지지 않은 마음의 깊은 구덩이에서 나를 붙들어 매려는 힘이 강하게 뻗어 나오기 때문입니다. 그래서 어린 시절이 지나치게 불우했던 사람들은 수도 생활이든, 결혼 생활이든, 직장 생활이든 간에 다 어렵습니다. 베네딕토 성인은 지나치게 궁핍하게 산 사람들은 수도자로 받지 말라고 하기도 했습니다. 가난이 진저리나게 지겨운 사람들은 절대로 가난의 영성은 실천할 수가 없기 때문입니다.

  그렇다면 욕구의 단계가 상승하여 영적 단계에 오른 사람들은 언제나 자유로운 마음으로만 살아갈 수 있을까요? 꼭 그렇지는 않습니다. 과거의 욕구는 사라지는 것이 아니라, 내 등에 업힌 아이처럼 나를 따라다닙니다. 다만 과거에는 그 무게가 나를 짓눌렀다면 지금은 내가 그 무게를 감당할 뿐이라는 것이지요. 그래서 영적 욕구의 단계에 들어갔어도 오르막길을 오르고 내리막길을 내려가듯이 가는 것입니다.

지나치게 잡아당기면
끊어집니다

　심리 상태가 허약해져 밥도 잘 못 먹고 잠도 잘 못 자는 사람들에게 가장 필요한 것은 무엇일까요? 바로 따뜻하고 편안한 환경 안에서 잘 쉬면서 몸과 마음을 추스르는 일입니다. 한마디로 재활 치료를 해야 하는 것이지요. 그런데 안타깝게도 심리 상태가 불안하면 불안할수록 오히려 정반대의 행동을 하는 사람들이 있습니다. 철야 기도나 신심 모임에 다녀오는 등 자신을 더 다그치는 것입니다. 그러면 그럴수록 정신 상태는 더욱 악화되는데 말입니다. 특히 지나친 신심을 주입시키는 모임의 경우 신자들에게 지나친 죄의식이나 마귀에 대한 공포까지 심어 주기도 하는데, 심리적으로 불안한 사람들에게는 없던 정신병까지 생기게 하는 위험 요소가 될 수 있습니다.

사람의 마음은 고무줄과 같습니다. 정상적인 사람들의 고무줄 상태는 적정한 범위 안에서 가볍게 늘어나 있습니다. 약간의 긴장감을 가지고 사는 것이지요. 신경증이 있는 사람의 고무줄 상태는 팽팽하게 늘어나 있습니다. 양쪽에서 지나치게 잡아당기고 있는 것입니다. 정신병을 앓고 있는 사람의 고무줄 상태는 너무 잡아당긴 나머지 아예 끊어지거나 사정없이 늘어나 버려서 원래의 상태로 돌아가지 못합니다.

신앙생활도 마찬가지입니다. 지나친 신심과 죄의식을 갖고 자신을 몰아붙이면 부작용이 생깁니다. 간혹 심리적 결핍이 심각한 사람들의 경우, 영적인 삶을 운운하면서 자신을 몰아붙이다가 정신병을 앓게 되기도 합니다. 그리고 자신이 본 환시와 환청을 주님의 은총이라고 착각해 다른 사람들까지 현혹시키기도 합니다. 그렇게 해서 또 다른 피해자가 발생하기도 하는 것이지요.

무엇이든 지나쳐서 좋은 건 없습니다. 신앙과 영성도 지나치게 영적인 삶을 강조하는 사람들은 멀리하는 게 좋습니다. 심리적으로 균형을 잃은 사람들은 다른 사람까지 물에 빠뜨려 허우적거리게 할 수 있기 때문입니다. 악은 그런 곳을 정확히 알아보고 몰려들어 서식합니다. 그러므로 일상생활과 신앙생활 모두를 즐겁게 하는 건강한 사람들과 어울리십시오. 그 사람들의 건강한 균형감이 주변 사람들에게 풍기는 따뜻한 여유로움을 나눠 받으십시오.

숫자에 얽매이는 순간
젊음은 멀어집니다

　노인 우울증 상담을 하다 보면 안타까운 마음이 들 때가 있습니다. 우울증은 부정적인 생각을 바꾸려는 노력이 반드시 수반되어야 치유될 수 있는데, 노인들은 오랜 세월 우울한 생각에 빠져 있던 것이 습관처럼 굳어서 좀처럼 마음이 바뀌기가 쉽지 않기 때문입니다. 마치 헌옷을 오랫동안 입고 있던 사람에게는 그 옷이 제일 편안한 것처럼 말입니다. 그래서 바람 자주 쐬시고, 재미있는 친구들 많이 만나시고, 맛있는 거 많이 드시라는 말씀밖에는 더 이상 드릴 말씀이 없습니다.
　노인 우울증에 걸리지 않으려면 젊은 시절의 좋은 추억을 많이 간직하고 있는 게 좋습니다. 노인들의 심리 상태는 추억거리의 내용과 깊은 연관이 있기 때문입니다. 즐겁고 행복한 추억거리가 많은 사람들은 친구도 많고 할 이야기도 많습니다. 그러나 과거의 기억이 음울하고 힘겹기만 하면 말도 하기 싫고 음울해집니다. 물론 인생을 살아오면서 항상 즐겁고 행복한 추억만 쌓아 온 사람이 어디 있겠습니까. 그럼에도 불구하고 불행하고 불편한 기억은 내려놓고 되도록 즐겁고 행복한 기억만 떠올리려 노력하는 자체가 중요한 것이지요.

또 나이에 너무 얽매이지 않고 젊게 살려는 의지도 중요합니다. 나이를 먹어 노화 현상이 일어난다고 해서 사람을 무조건 늙게 만들어 버리는 건 아닙니다. 사실 그 사람이 정말 늙어 보이느냐 아니냐는 그 사람이 가지고 있는 생각에 달려 있기도 합니다. 이제까지 살아온 날들만 되돌아보며 자포자기의 심정이 되어 지금 이 순간의 삶을 살지 못하는 과거 지향적인 사람은 늙은 사람입니다. 이런 사람들은 무엇이든 하기에 앞서 나이 탓만 합니다. 그리고 나이 먹은 것을 서러워하면서도 막상 어른 대접을 하지 않으면 화를 냅니다. 이런 모순이 없지요. 반면 앞으로의 인생 계획을 갖고 있다면 젊은 사람입니다. 몸이 약하면 약한 대로, 건강하면 건강한 대로 무엇인가를 끊임없이 시도합니다. 누군가 노인 대접을 하려고 하면 노인네 취급하지 말라고 오히려 화를 냅니다. 그리고 인생을 재미있게 살기 위해 여러 가지로 노력합니다. 비슷한 나이에도 이처럼 삶을 바라보는 태도가 다른 건 오로지 스스로의 선택 때문입니다.

'인생은 칠십부터'라는 말이 있습니다. 영성 심리학에서는 정말 사람의 인생 시작이 칠십부터라고 보기도 합니다. 젊어서는 이런저런 바쁜 일들로 자신을 돌아볼 틈이 없지만 나이가 칠십 줄에 들어서면 바쁘게 살아온 인생을 돌아보며 숨을 고르게 됩니다. 이런 시간이야말로 인간적인 성숙함을 얻기 위한 필수적인 자세라는 게 영성 심리학의 시선입니다. 혹시 살면서 풀지 못한 매듭이 있다면 천천히 다시 풀어 볼 시간을 갖기도 하고, 종교적 삶의 의미를 다시 성찰하면서 삶의 자세를 한층 성장시키는 시기인 것입니다. 이렇듯 삶의 후반기를 자기 존재 의미를 찾는 공부의 시간으로 삼는 사람들은 나이가 들어도 존경과 부러움의 대상이 됩니다. 연세에 비해 아주 젊어 보이시는 한 어른이 제게 이런 이야기를 하셨습니다. "내가 재미있어 하고 잘하는데다 가치 있기까지 한 일을 하고 사는 게 중요합니다. 그게 제 젊음의 비결입니다." 저도 그 어른처럼 나이 들고 싶다는 생각이 절로 들었습니다.

나이는 넣어 두고
지혜는 꺼내 주세요

　요즘 어린 친구들은 노인들을 비하할 때 '틀딱충'이라는 말을 쓰더군요. 풀어서 얘기하면 '틀니를 딱딱거리는 벌레'라는 뜻입니다. 참으로 서글픈 말이 아닐 수 없습니다. 한편으론 저 역시 예순 중반에 접어들었으니 아이들로부터 그 소리 안 들으란 법 없겠구나 싶어집니다.
　그런데 이런 말을 서슴없이 하는 아이들은 어떤 아이들일까요? 우선 부모와의 관계가 그리 좋지 않을 것이라고 짐작됩니다. 아이들은 부모를 통해 어른들을 향한 시선을 정립하기 마련인데, 부모가 아이들에게 존경의 대상이 되지 못하는 경우 아이들은 안정감을 찾지 못하고 심리적으로 떠돌게 됩니다. 그러면서 외부로부터는 가정교육을 제대로 받지 못한 아이라는 편잔을 듣게 됩니다. 이런 아이들은 자신의 감정 표현을 거칠게 합니다. 주위의 상황에 대해 보통 사람들보다 더 부정적이고 공격적으로 표현하는 경향이 강합니다. 주변 사람들의 따뜻한 관심과 가르침을 받지 못하고 그대로 시간이 흘러가는 경우, 안타깝게도 그 아이들 또한 자신들이 비웃고 비판했던 어른들의 모습을 그대로 닮아 있을 가능성이 큽니다.

그런데 일부 눈살을 찌푸리게 하는 노인들을 보게 될 때마다, 아이들이 그런 말을 할 만도 하다는 생각이 듭니다. 자신의 나이를 내세워 어른 대접 해 줄 것을 강요하는데, 하는 행동은 철부지 어린아이 같을 때가 많습니다. 이런 노인들 때문에 점잖게 나이 들어가는 다른 분들까지도 덩달아 비웃음의 대상이 되는 것은 아닌지 모르겠습니다. 그러고 보니 남 얘기 할 때가 아니라는 생각도 드네요. 저도 아주 가끔은 속으로 '내 나이가 몇인데'라는 말을 하곤 합니다. 그럴 때마다 스스로도 깜짝 놀라지요.

사회의 어른인 노인은 나이가 아닌 지혜로 존경을 받아야 합니다. 나이만을 내세워 대접을 받으려는 것은 참으로 어리석은 마음입니다. 진정한 어른이 되느냐, 아니면 비속어로 비웃음을 받는 존재가 되느냐는 스스로 어떤 삶을 살아가고 있는가에 달린 것은 아닐까요.

이제부터가
시작인 걸요

어느 종교 단체를 가 봐도 노인들이 유독 많습니다. 이렇듯 노인들의 종교 활동은 상당히 활발합니다. 젊은 사람들의 교회 활동이 활발하지 않다며 교회의 미래를 걱정하는 의견들도 있지만, 그와 별개로 노인들의 왕성한 교회 활동은 중요한 의미를 갖습니다.

인생의 후반기를 달리고 있는 노인들은 입시 준비생과 같다고 볼 수 있습니다. 삶의 의미는 무엇인지, 더 나아가 하느님의 뜻이 무엇인지 공부하는 학생입니다. 인생살이는 그것이 끝나는 시점에 완결되는 것이 아닙니다. 오히려 끝이 나는 순간부터 진짜 삶은 시작되는 것이지요. 인생이라는 시한부 인생을 마치면 비로소 영생이 시작되는 것입니다. 그러니 노인들에게 남은 인생이 얼마나 중요한 시기이겠습니까. 일명 좁은 문 대학 구원학과에 들어가기 위한 '좁은 문 통과 자격시험'을 준비하는 고3 수험 기간이나 마찬가지인 것입니다. 때문에 그 누구보다도 열심히 신앙생활과 봉사 활동을 해서 하느님 나라에 들어갈 자격 수준의 내신 성적을 내야 하는 것이지요.

그러므로 노인들의 신앙생활을 취미 생활 정도로만 이해하거나, 몸도 안 좋은데 기도는 무슨 기도냐고 말할 일이 아닙니다. 오히려 고3 수험생보다 더 중요한 시험을 준비하는 수험생으로 바라보고 대접해야 합니다. 이렇게 설명해도 노인을 그저 노인으로만 보려는 사람들은 사실 인생이 무엇인지, 삶의 의미가 무엇인지 깨닫지 못한 사람들입니다. 복음에서 주님은 구원받을 사람이 그리 많지 않고, 구원을 얻기 위한 관문을 통과하는 것은 무척 어려운 것이라고 말씀하십니다. 그러니 나이가 들수록 더 많이 기도하고 더 많은 선행을 하려 하는 건 가르침에 따라 살아가는 당연한 모습입니다.

노인들은 점차 소외되고 젊은 사람들만이 사회의 주인인 듯한 분위기가 나날이 고조되고 있습니다. 건강하고 균형 잡힌 사회를 이루기 위해서는 각 세대가 마음과 힘을 모아야 합니다. 그 과정에서 통찰력과 포용력을 지닌 진정한 어른의 지혜가 필요할 것입니다. 하나의 결론만을 강하게 주장하는 양 극단이 충돌하는 것을 완화시킬 수 있는 너그럽고 현명한 목소리가 절실합니다. 그러니 끝까지 포기하지 마시고 교회의 어른, 사회의 어른으로 굳건히 존재해 주시기 바랍니다. 눈이 침침해도, 기억력과 체력이 떨어져도 이제부터가 시작이라는 마음으로 계속 공부하셔서 사회의 어두운 곳에 노년의 빛을 제대로 비춰 주십시오.

제 3 장

관계 맺기

섬과 섬은 결국
하나의 땅 위에 서 있잖아요

　심리학자 프로이트는 마음의 문제는 성적인 욕구에서 비롯되는 것이라고 주장했습니다. 어느 정도 맞는 말이지만, 저는 사람이 가진 모든 문제의 근원은 바로 외로움이라고 생각합니다. 외로움이 모든 문제의 근원이 되는 이유는 인간이 관계 안에서 태어나서 성장하고 죽는 관계성의 존재이기 때문입니다. 외로움이란 관계의 단절에서 생기는 감정입니다. 그래서 견딜 수 없는 외로움을 극복하기 위해서는 자기 안으로 깊이 들어가야 합니다. 그것은 마치 섬의 가장 밑자락을 찾는 작업과 같습니다. 그러다 보면 사람이란 존재성, 동질성을 발견하고 외로움이 허상임을 깨닫게 됩니다. 마치 섬이란 것 자체가 같은 땅 위에 솟은 돌출 부위라는 것을 알게 되듯이 말입니다. 문제는 이 방법은 마음의 힘이 천부적으로 강한 사람만이 할 수 있다는 데 있습니다. 그래서 보통 사람들은 그 길을 갈 엄두도 내기 어렵습니다. 평생토록 자기 마음을 들여다보고 탐색해야 지만 사람의 마음이 하나라는 것을 깨달을 수 있습니다. 사실 하루하루 살아 내기 바쁜 보통 사람들로서는 얻기 힘든 깨달음이란 것입니다. 그래서 보통의 사람들은 외로움을 쫓아내기 위해서 섬과 섬 사이에 다리를 놓고 다른 사람들과 오고 가며 관계를 맺습니다.

관계란 외로운 섬 사이에 마음의 다리를 놓는 것을 말합니다. 하느님 사랑, 이웃 사랑이란 율법은 인간의 외로움을 해소하기 위한 궁극적 방법을 제시한 것입니다.

그렇다면 관계 맺기, 다리 놓기를 하려면 어떤 마음가짐이 필요할까요? 우선 누구나 약간은 비정상이라는 생각을 갖는 것이 중요합니다. 늘 바른 생각만을 갖고 반듯하게 살아야 한다는 압박에서 벗어나는 것이 좋습니다. 사람이기에 그건 불가능한 일입니다. 잦은 지진이 발생하는 일본에서는 집을 지을 때 내진 설계를 합니다. 내진 설계의 기본 원리는 건물이 살짝 흔들릴 수 있도록, 약간의 빈틈을 두어 짓는 것입니다. 그래야 지진으로 흔들릴 때 무너지지 않고 버틴다는 것이지요. 애초에 흔들려도 틀어지지 않을 여지를 만들어 놓는 것입니다. 사람도 마찬가지입니다. 한 점 흐트러짐 없이 완벽해 보이고, 감정이 없는 듯 매사에 칼 같이 구는 사람들에게서는 사람 냄새가 나질 않습니다. 신앙인들도 다르지 않습니다. 늘 엄격한 수도자처럼 모든 것을 절제하며 사는 사람들이 있습니다. 이런 사람들은 뭐라 흠 잡을 수 없지만 허물없이 다가가기가 쉽진 않습니다. 사람은 빈틈도 보이고 조금은 흐트러진 듯해야 사람답게 느껴집니다. 개그맨들은 남녀노소 모두에게 인기가 좋습니다. 다른 사람들에게 웃음을 주기 위해 스스로 망가지는 모습을 보이면서 사람 냄새를 풀풀 풍기기 때문입니다. 소통과 성장을 위해 반드시 필요한 유연함입니다.

정신 의학에서 말하는 정상적인 사람은 자신 안의 비정상적인 면을 인정하는 사람입니다. 심리 치료에서도 사람을 '자기 문제를 보는 사람'과 '남의 문제를 보는 사람'으로 나눕니다. 자아가 약한 사람들은 자기 문제를 보지 못하고 이런저런 방어 기제를 만들어 허약한 자아를 둘러싸려 합니다. 이것을 '성격 갑옷'이라고 하는데, 이런 사람들은 주변 사람들로부터 까칠하다는 평판을 듣습니다. 그런데 안타까운 것은, 갑옷이 천근같이 무겁다는 것입니다. 무거운 갑옷을 짊어지고 버텨 서서 속으로는 누군가 내 안의 약한 자아를 다정하게 보듬어 주고 성장할 수 있도록 도와주길 원합니다. 이런 사람들에게는 자신을 포용해 줄 환경이 필요합니다. 성격 갑옷을 벗겨 주고, 약한 자아가 상처 받지 않고 안전하게 자라 자유를 되찾을 수 있도록 도와줄 사람들이 필요합니다. 그 역할을 해 줘야 할 대표적인 대상이 바로 교회입니다.

그러나 사제들 중에 지나치게 엄격한 분들이 있습니다. 미사 시간에 늦은 신자들에게 영성체를 하지 못하게 하거나, 교리 수업에 한 번 불참했다고 영세 받을 자격이 없다 말하는 등 신자들에게 신앙인으로서의 자격 여부를 거론하는 것이지요. 그런 분들을 보면 안타깝다는 생각이 듭니다. 성당의 담은 낮아야 합니다. 어떻게 보면 성당은 병원과도 같은 곳입니다. 마음의 병을 가진 분들에게 치유와 위로를 건네야 하는 곳인 겁니다. 성당에 다닐 자격을 따지며 자신은 선택받은 사람이라고 생각하는 사람은 바리사이들과 다를 게 없습니다. 주님께서는 그런 바리사이들과 설전을 벌이시기도 했습니다. 그러니 주님의 사제라면 더더욱 주님의 뜻에 반대되는 곳에 서 있어서는 안 될 것입니다.

부딪침이 있어야
아름다운 돌멩이가 되죠

어떤 사람을 처음 만났을 때는 무엇이든 잘해 주고 싶다가도 시간이 지나면 그 사람이 싫어졌던 경험, 누구나 한 번쯤은 있을 것입니다. 미움을 갖지 않기 위해서라도 결국 그 사람을 만나는 것을 피하게 된 적도 있을 것입니다. 사실 어떤 사람을 한결같은 마음으로 바라본다는 것은 불가능한 일입니다. 사람의 마음은 모가 난 돌과도 같으니까요. 멀리서 보면 아주 예쁜 돌처럼 보여도 가까이 다가가서 보면 울퉁불퉁하기 때문에 서로 부딪칠 수밖에 없지요.

사람을 새로 사귀는 과정은 새 신발을 신는 것과 비슷합니다. 아무리 편한 신발도 처음 신을 때는 발 어딘가를 불편하게 합니다. 맞지 않는 신발을 신었을 때에는 더 곤욕입니다. 발 여기저기가 붓고 발뒤꿈치가 까지기도 합니다. 그래도 이왕 새로 산 신발이니 버리지 못해 신발이 내 발에 맞을 때까지 힘들게 신고 다니기도 합니다. 사람도 마찬가지지요. 아무리 첫인상이 좋았던 사람도 시간이 지나면 싫증도 나고 미운 구석도 보이기 시작합니다. 그럴 때 대부분의 사람들은 자신의 변덕스러움을 자책합니다. 하지만 그렇게 생각할 일이 아닙니다. 마음이 변덕스러운 게 아니라 세상 만물이 하나가 되기 위해 겪어야 할 과정일 뿐이니까요. 철학자 헤겔이 이런 말을 했다지요. 세상 만물은 변증법적인 방법, 즉 정반합의 과정을 거쳐서 성장한다고 말입니다. 서로가 하나 되기 위해서는 반드시 갈등이 필요하고, 갈등이란 서로가 서로에게 적응하기 위한 과정일 뿐입니다. 그러니 아무 걱정 마십시오. 오히려 불편해하면서 사람을 피하게 되면 대인관계의 적응력만 떨어지게 되고, 심지어는 대인기피증이라는 증세로 이어지기도 하니 말입니다.

그렇다고 해서 대인관계에 있어서 자만은 금물입니다. 나는 어떤 사람을 만나도 늘 원만하게 지내고, 아무런 문제가 없다고 자신하는 사람은 오히려 더 많은 문제를 갖고 있을 가능성이 큽니다. 왜냐하면 그런 사람들은 대개 자기 속내를 드러내지 않거나, 아니면 자기 방식대로만 사람의 마음을 끌고 다니는 성향을 지니고 있을 수 있기 때문입니다.

우리는 세월이라는 강물 속에서 굴러 내려가는 모난 돌멩이들입니다. 모난 돌이 둥근 돌이 되기 위해서는 다른 모난 돌들을 만나야 합니다. 그래야 서로 아름다운 소리를 내며 부딪쳐 보기 좋게 깎여 많은 사람들과 사랑을 나누는 아름다운 돌멩이가 되는 것입니다.

강화도에 제가 자주 가는 수도원이 있습니다. 그곳에 몇 해 전 강아지 한 마리가 새 식구로 들어왔습니다. 짖지 못하도록 성대 수술을 하고 비싼 간식만 먹으려 하고 눈빛이 애처로운 강아지였습니다. 아마도 누군가 집에서 키우다가 버린 유기견인 것 같았습니다. 유독 낯가림이 심하고 허약해 보이는 이놈이 강화도의 겨울을 견딜 수 있을까 걱정이 되었습니다. 그런데 놀랍게도 갈수록 강한 모습을 보였습니다. 날아다니다시피 하며 산을 오르내리고, 자기 욕구를 명확하게 표현하며, 좋아하는 사람과 싫어하는 사람에 대한 감정 표현이 분명해졌습니다. 강한 의지로 새로운 자기 삶을 일구어 낸 것이지요. 사람들과의 부딪침에 힘겨워하고 낯설고 새로운 환경에 적응 못해 우울과 무기력에 빠져 있는 사람들에게 이 강아지를 소개하고 싶었습니다. 까칠이 강아지가 강화도의 겨울을 이겨 낸 모습에서 스스로 깎이고 부딪치며 모난 면을 다듬어 나간 자그마한 돌멩이 하나가 보였기 때문입니다.

그래도
용서하면 좀 나아져요

화가 쉽게 풀리지 않아서 고민인 분들 많으실 겁니다. 기도를 해도 소용없고, 어떤 방법을 써도 풀리지 않기도 합니다. 그러다가 자학과 우울증에 빠지는 사람들도 있습니다. 왜 그런 걸까요? 성격이 나빠서일까요?

화가 풀리지 않는 이유는 두 가지입니다. 첫째, 상대방이 나의 감정 중에 가장 힘든 부분을 건드렸을 때 그렇습니다. 아무리 성격이 좋은 사람이라도 자신의 성격 중에 도저히 감당하기 어려운 부분이 있기 마련입니다. 그것을 상대방이 건드렸을 때 이해하기 힘들 정도로 화가 풀리지 않습니다. 둘째, 나를 화나게 한 사람이 과거에 나와 관계가 아주 좋지 않았던 사람과 비슷할 때 그렇습니다. 지금의 내 앞에 있는 사람에 대한 감정만이 아니라, 과거에 품었던 감정들까지 모두 한꺼번에 올라와 감당하기가 어렵게 되는 것입니다.

  화의 성질은 제각각 다릅니다. 어떤 것은 금방 풀리는가 하면, 어떤 것은 쉽게 풀리지 않는 것도 있습니다. 풀리지 않는 화는 어떻게 다루어야 할까요? 기다려야 합니다. 마음을 조급하게 갖지 말고, 천천히 기다려 주어야 합니다. 화난 상태가 불편하다고 정리해 버리는 것은 모닥불이 빨리 안 꺼진다고 뒤적거리는 것과 같습니다. 때로는 화가 난 자신을 모르는 척하는 것이 좋을 때도 있습니다.

  베드로 사도는 주님께 다른 사람의 잘못을 몇 번이나 용서해야 하는지, 일곱 번이면 되겠냐고 묻습니다. 이 말은 바꿔 생각하면 사람을 일곱 번씩이나 용서하는 자기 자신에 대한 자랑이기도 합니다. 베드로 사도는 스승의 칭찬을 듣고 싶었던 것이지요. 물론 칭찬받을 만합니다. 용서란 쉬운 일이 아니니까요. 여러분은 여러분에게 잘못한 이를 몇 번이나 용서할 수 있을 것 같습니까? 삼세번도 힘든 마당에 일곱 번이면 용서의 달인이라 할 만하지요. 그런데 예수님은 베드로 사도를 칭찬하는 대신 일곱 번씩 일흔 번이라도 용서하라고 대답하십니다. 왜 그렇게 무리한 요구를 하셨을까요? 바로 제자를 사랑하는 마음에서 그러신 것입니다. 용서는 남을 위한 것이 아니라 자기 자신을 위한 것이기 때문입니다. 나에게 잘못한 이를 용서하지 못할 때 마음속에는 분노가 들어찹니다. 분노라는 감정은 사람의 마음을 헤집어 놓고 제대로 된 삶을 살지 못하게 합니다. 여러분의 경험에 비춰 생각해 보십시오. 타인을 용서하지 못하고 분노에 떨었을 때, 괴로운 건 여러분 자신이었을 겁니다. 때로는 건강을 해치기도 했을 겁니다. 그렇게 내 인생을 낭비하게 되는 것입니다.

가끔은 누군가 내게 큰 잘못을 한 게 아닌데도 사소한 일에 민감해지고 화가 나는 경우도 있습니다. 그러면서 스스로를 소심하다며 책망하기도 합니다. 왜 그렇게 되는 걸까요? 그건 바로 몸과 마음이 지쳐서입니다. 영양 결핍 상태에 이른 것이지요. 사람의 몸과 마음의 에너지는 하루 소비량이 한정되어 있습니다. 한정된 에너지를 다 소비하고 나면 지친 상태가 되어 작은 일에도 민감하게 반응하게 되는 겁니다. 특히 심리적으로 신경증적 증상이 있거나 잡다한 근심 걱정에 시달리는 사람들은 다른 사람들보다 에너지 소비량이 더 많습니다. 때문에 더 예민해지는 것입니다. 그런 경우 자신을 속좁다 질책하지 말고 푹 쉬게 해 주십시오. 행복감을 느낄 수 있도록 자기 돌봄을 시작하시기 바랍니다.

분노는 다른 사람이 아닌 자기 자신의 문제와 결부되어 있기도 합니다. 복음 말씀을 예로 들어 볼까요? 간음한 여인의 이야기에서 사람들은 여인에게 돌을 던졌습니다. 그러자 예수님은 너희 가운데 죄 없는 자가 먼저 저 여인에게 돌을 던지라는 간단한 말씀만 하셨습니다. 그러자 가장 나이 많은 사람부터 돌을 내려놓고 돌아갔습니다. 혈기 넘치는 젊은이들은 나중까지 돌을 들고 있었습니다. 영성 심리학에서는 이 장면을 여러 가지로 분석하는데, 그중 젊은이들의 행동이 정의로움이 아닌 자신들의 부정적 감정을 감추기 위한 것이라는 해석이 있습니다. 젊은이들은 자신 안의 감정을 잘 보지 못하고 자기도취의 함정에 빠지는 성향이 있다는 평가입니다. 때문에 자신의 문제를 타인에게 전가시키고 투사시키는 경우가 많다고 합니다. 간음한 여인이 자신들에게 죄를 지은 것이 아닌데도 자신들의 내적 문제를 여인을 향한 분노에 실어 폭발시킨 겁니다. 그러면서 그 분노가 정당한 것처럼 착각하는 것이지요.

분노는 나를 화나게 하는 상대방에 대한 그릇된 무의식 때문에 발생하기도 합니다. 상대방이 미성숙한 존재라는 사실을 인식하지 못하고 나와 대등하거나 나보다 더 높은 자리에 있는 사람이라고 생각하는 무의식 때문에 분노가 생기는 것입니다. 누군가를 고의로 화나게 하거나 해코지하는 사람들은 미성숙한 존재라는 것을 인식해야 합니다. 그런 사람들을 보게 되면 화를 내는 대신 연민을 품는 게 마음 건강에 좋겠습니다.

살다 보면 화나는 일도 겪게 됩니다. 그럴 때일수록 내 안의 화에만 집착하지 말고, 내 화의 근원이 무엇인지 잘 들여다보시기 바랍니다. 그것이 나의 내적 성장을 위한 공부이며, 그렇게 마음을 들여다보는 것에서부터 세상을 변화시키는 힘이 시작되는 것입니다.

없어 봐야
귀한 줄 알지요

감사하는 마음 없이 살고 있는 스스로를 자책하는 사람들이 있습니다. 가족들이 건강하게 별 일 없이 사는데도 이상하게 집에만 있으면 답답하고 가족들에게 짜증이 난다는 것입니다. 그러다 보면 하느님께 감사하는 마음도 잘 생기지 않는답니다. 때문에 자신의 성격이나 인격을 자책하게 되는 것이지요. 그런데 매사에 감사하지 못하는 마음은 죄가 아닙니다. 그것은 그냥 사람이 가진 마음의 한계일 뿐입니다. 사람은 늘 똑같은 것에 대하여 짜증을 낼 수밖에 없는 존재입니다. 늘 같은 밥, 같은 반찬을 먹으면 때로 짜증이 나는 것처럼, 늘 같은 사람, 같은 일, 같은 장소가 반복되다 보면 짜증이 날 수밖에 없습니다. 그러니 크게 자책할 일이 아닙니다. 그런 일로 고해성사까지 보면서 마음의 우울함만 키울 필요도 없고요.

그렇다면 짜증스런 마음은 어떻게 치유할 수 있을까요? 답은 간단합니다. 없이 살아 보면 됩니다. 없이 살면서 그동안 내가 가지고 있던 것들이 얼마나 필요한 것이었는지 느끼기만 하면 됩니다. 집의 평수가 좁다고 불만인 사람은 밖에서 노숙을 해 보면 됩니다. 자식에게 불만이 있는 사람은 자식을 며칠 동안 캠프에 보내서 자식 없이 살아 보면 됩니다. 숟가락 젓가락이 시원치 않다고 생각되면 산에 가서 손가락으로 밥을 먹어 보면 생각이 바뀝니다. 제가 얼마 전에 탁구 라켓을 잃어버렸습니다. 몇 년 동안 가지고 다니던 것이어서 상당히 정이 든 물건인데, 없어지고 나니 무척 아쉬웠습니다. 그렇다고 평상시에 그 물건에 대하여 애지중지하는 마음을 가지고 살았냐면, 그렇지도 않습니다. 그 물건이 늘 제가 찾는 곳에 놓여 있을 때는 별로 고마운 마음이 없었습니다. 때로는 색깔이나 모양이 마음에 들지 않는다고 불평한 적도 있습니다. 어떤 때는 아예 다른 것으로 바꿔 볼까 하는 생각도 했습니다. 그런데 막상 잃어버리고 나니 너무나 아쉽고 허망한 느낌이 듭니다. 없어 봐야 필요한 것을 더 느끼고 덜 요구하게 되는 것입니다. 사람 사이에는 서로가 보지 않고 지내는 시간, 서로를 아쉬워하는 시간이 필요합니다. 사는 것이 지루하고 짜증날 때 자신을 자책하지 마시고 이런 간단한 방법으로 자신의 마음을 조절하시기 바랍니다.

서로 조금씩 떨어져 있기를 실행해 옮길 가장 쉬운 방법 중 하나는 여행일 겁니다. 여행이란 것은 말 자체로 설렘을 안겨 주기도 합니다. 이국적인 풍경을 보면서 여유를 즐기는 모습을 가장 먼저 떠올리기도 하고요. 하지만 여행이란 것은 또 다른 고행이기도 합니다. 시작부터 만만치 않지요. 비행기를 타고 먼 해외로 떠나는 경우는 더 그렇습니다. 좁아터진 비행기 좌석에 꾸겨져서 몇 시간을 가다 보면 머리는 멍해지고 다리는 통통 붓습니다. 독서라도 하면서 시간을 보내려 해도 책장을 펼친 지 얼마 되지 않아 머리가 아파옵니다. 기절하듯이 쪽잠을 자다 깨다를 반복하다 보면 비행기에서 탈출할 수 있지만, 공항에서 출국하는 과정은 또 어떤가요. 인내와 배려의 연속입니다. 여행 중에도 마찬가지입니다. 편치 않은 잠자리, 입에 맞지 않는 음식, 피곤함을 안겨 주는 사람들 등등 집 떠나면 개고생이라는 말을 실감하게 해 줄 요인들은 무궁무진하지요. 그럼에도 불구하고 고생길을 자처하는 이유는 익숙해져 버려 소중함을 잊고 지낸 내 곁의 사람들과 환경들을 잠시 떠나 나 자신을 돌아보고 쉬게 하면서 내가 있어야 할 곳에 대한 감사함을 다시금 느끼기 위해서일 겁니다. 그리고 여행에서 만난 사람들과의 작은 나눔에서 기쁨을 맛보고 위안을 얻어 다시 일상으로 돌아갈 힘을 재충전하기 위함이겠지요.

프로이드는 성숙한 인간이 되려면 세 가지 조건을 겪고 잘 견뎌야 한다고 했습니다. 그것은 바로 지연, 갈등, 좌절입니다. 이 세 가지를 모두 겪게 하는 것 중 여행만 한 것이 또 있을까요. 게다가 새로운 것을 보고 느끼고 배울 기회까지 얻을 수 있으니, 아주 가끔씩이라도 시간과 돈을 들여 여행을 떠나 보는 것도 좋겠습니다.

이웃 사랑이라는
부메랑

주님께서는 네 이웃을 너 자신처럼 사랑해야 한다고 하셨습니다. 이웃을 사랑한다는 게 얼마나 어려운지 아는 사람들에겐 이 말씀이 쉽게만 들리진 않을 겁니다. 사실 내 이웃을 나 자신처럼 사랑하는 일에는 분심이 따릅니다. 상대방은 그렇게 하지 않는데 왜 나만 그래야 하는가와 같은 손해 보는 감정이 따라 붙기도 하지요. 그렇다면 이렇게 생각해 보는 건 어떨까요? 이웃을 사랑하는 일은 결국에 자기 행복을 추구하는 일이라고요.

사람들은 보통 다른 사람들이 자신의 장점은 잘 찾아 주고 결점은 보지 않기를 바랍니다. 자신이 저지른 웬만한 잘못은 눈감아 주기를 바라기도 하지요. 그런 마음은 자연스러운 본능입니다. 그렇다면 다른 사람도 나에게 같은 것을 바랄 수 있다는 걸 인정해야 합니다. 그리고 다른 사람들이 나에게 해 주기 바라는 걸 내가 다른 사람들에게 해 줘야 합니다. 이웃 사랑은 바로 이런 것이 아닐까요? 이런 배려가 스스로를 행복하게 해 주기도 합니다.

심리학자들은 말합니다. 사람의 행복 지수는 다른 사람으로부터 괜찮은 사람으로 인정받을 때 높아진다고요. 그 반대의 경우도 마찬가지라고 생각합니다. 내 눈에 누군가가 괜찮은 사람으로 보일 때, 우리는 행복한 마음을 느낄 수 있습니다. 주님께서 이웃을 사랑하라 하신 말씀에는 나의 행복 지수를 높이는 방법까지 포함되어 있습니다.

이웃 사랑은 우리 마음의 그릇을 키우기 위해서도 필요합니다. 사람의 마음은 노력하기에 따라 그 크기가 달라집니다. 보통 사람의 마음을 그릇에 비유해 그 크기를 평가하곤 하지요. 그럴 때 크기를 가늠하는 기준은 무엇일까요? 그것은 다른 사람들을 포용하는 정도가 아닐까 싶습니다. 이웃을 사랑하는 범위가 넓어질수록 마음의 그릇도 커지니까요.

어른의 정석

주님께서는 하늘나라에서 가장 큰 사람은 어린이와 같은 사람이라고 하셨습니다. 이 말씀은 좋은 어른은 어떤 모습이어야 하는 가에 대한 답이 되기도 합니다. 어른이란 과연 무엇일까요?

어린이가 철이 든 말과 행동을 하면 어른스러워졌다고 칭찬합니다. 그리고 성인의 나이가 되어 다른 사람들에게 모범이 되는 삶을 살면 어른 다 되었다는 이야기를 듣습니다. 이미 나이가 꽉 찬 성인도 다른 사람들이 보기에 훌륭한 삶을 살면 어른답다는 평가를 받습니다. 반면, 나이가 들어서도 철이 안 들고 예전보다 나아진 삶을 살지 못하면 언제 어른 될 거냐는 핀잔을 듣습니다. 그리고 나이가 지긋한 경우, 다른 사람들에게 존경받을 만한 존재가 되면 어른을 넘어 어르신이라는 호칭으로 불리게 됩니다. 어르신이란 호칭은 진정으로 어른스러운 어른, 신앙인의 경우 복음적인 삶을 사는 어른을 칭할 때 사용합니다. 다른 사람들을 위한 삶, 항상 힘없고 약한 사람들 편에 서서 자신의 것을 내어 주는 삶, 때로 내적인 흔들림이 찾아와도 마음을 다잡고 어른다움을 잘 지켜 내는 삶, 공동체가 분열되지 않도록 자신의 역할을 잘 해내며 균형 있는 공동체를 이끌어 가는 삶. 이런 삶을 사는 분들이야말로 우리 사회가 원하는 진정한 어르신일 것입니다. 이런 분들이 공동체의 리더가 되었을 때, 그 공동체는 안정이 되고 상호 간에 형제애가 샘솟게 되는 것이지요.

반대로 어르신은커녕 나이만 먹었지 이기적인 어린아이와 다를 게 없는 사람이 리더가 될 경우, 그 공동체에는 분열이 일어나게 됩니다. 이기적인 리더는 자신에게 아부하는 사람들만 챙기는 성향이 강하기 때문에, 그런 공동체에 속한 사람들은 실력이 아닌 아부와 고자질로 인정을 받으려 합니다. 이렇듯 한 공동체가 건강하게 바로서기 위해서는 리더의 자질과 마음가짐이 중요합니다. 리더가 어떤 사람이냐에 따라 공동체의 향방은 사뭇 달라집니다. 자신만의 이익에 집착해 공동체를 병들게 하는 사람이 리더가 되면, 정직하고 정의로운 사람들은 모두 떠나고 거짓과 이기심으로 똘똘 뭉친 사람들만 남아 서로를 무너뜨립니다.

지난 세월 동안 저는 어떤 어른이었고, 어떤 리더였는지 되돌아보곤 합니다. 그럴 때마다 어쩐지 얼굴이 화끈거립니다. 철딱서니

없고 막무가내였던 저를 이해와 용서로 감싸 주신 교우 분들께 미안하고 감사한 마음을 전하고 싶습니다.

다 안다는 자만은
무지의 다른 이름이에요

　심리 상담가들이 이구동성으로 말하는 골치 아픈 환자들이 있습니다. 무슨 이야기를 해 주거나 어떤 처방을 해도 듣지 않는 사람들입니다. 이 사람들은 늘 '내 문제는 누구도 해결해 주지 못해.'라고 말합니다. 병원에 입원한 환자 중에는 '내 병은 내가 잘 알아. 나는 불치병이야.'라고 말하는 사람들도 있습니다. 이런 사람들은 어떤 약도 어떤 치료도 잘 듣지 않는다고 합니다. 의학 용어로 위약 효과라는 것이 있습니다. 의사를 믿으면 설탕을 소화제라고 주어도 치료 효과가 나타난다는 것인데, 아무도 믿지 않는 고집불통들에게는 위약 효과란 없습니다. 그래서 대부분 자기 수명을 스스로 단축시키고 없는 병도 만들어서 삽니다.

　'나는 내 마음을 다 알아.'라고 하는 사람들도 문제입니다. 이런 사람들은 다른 사람들이 가르쳐 주는 마음의 치유법에 대하여 귀 기울이지 않습니다. 사람의 마음은 그리 간단치가 않습니다. 사람의 마음은 층층이 겹겹으로 이루어져 있기 때문에 그 구조와 생리를 이해하는 것이 절대로 쉬운 일이 아닙니다. 몸은 사람의 눈에 보이는 대상입니다. 해부하면 사람의 몸은 한눈에 다 들어옵니다. 몸은 이렇게 우리 눈에 보이는 것임에도 불구하고 현대 의학이 발견한 몸에 대한 지식은 아직까지도 그리 많지 않다고 합니다. 하물며 눈에 보이지 않는 마음은 더 말할 나위가 없겠지요. 그런데도 자기 마음을 다 안다고 하는 사람들을 보면 안타까울 뿐입니다.

이런 사람들의 공통점은 무엇일까요? 자기 마음에 대해 설익은 지식을 가지고 있다는 것입니다. 그래서 돌팔이 의사가 그러하듯이, 자기 마음의 병에 대한 처방을 자기 마음대로 내립니다. 더 큰 문제는 자신에 대하여 섣부르게 아는 사람들이 다른 사람들을 무리하게 가르치는 경우가 많다는 것입니다. 특히 종교계 안에서 발생하는 오류들은 헤아릴 수 없이 많습니다.

마음은 정말 그 깊이를 알 수 없는 물과도 같습니다. 우리는 하느님께서 우리 마음 안에서 어떻게 역사하시는지 모릅니다. 그렇기 때문에 마음의 병을 고치기 위해서는 먼저 자신이 마음에 대하여 무지하다는 사실을 인정한 채 장님이 돌다리를 두드리며 가듯 살아야 합니다.

아픔이 어떤 것인지 전혀 몰랐을 때 저는 제 마음은 제가 통제할 수 있다고 믿었습니다. 신실한 사람이 되려면 자신의 마음을 채찍질해야 한다고 생각했습니다. 그래서 무자비한 간수처럼 내 마음 안의 불순물을 제거하기 위해 최선을 다했습니다. 자기 성찰, 자기 수련이란 이름으로 말입니다. 그렇게 해서 얻은 것은 종교적 우울증, 불안증 같은 신경증적 증세들뿐이었습니다. 신앙의 이름으로 마음을 학대한 결과였습니다.

적당한 비난은
약이 됩니다

 비난만큼 아픈 무기가 있을까요? 우리는 모두 다른 사람으로부터 비난받을 때 상처를 받습니다. 당연한 일이지요. 사람의 본성은 칭찬을 갈구하는 구조로 되어 있으니까요. 사람의 마음은 다른 사람의 칭찬과 관심을 먹고 자랍니다. 반대로 비난과 욕은 사람의 마음을 위축시키고 실패감에 젖게 합니다. 이런 부작용을 이미 아는 우리는 욕을 먹지 않기 위해 속마음을 곧잘 숨깁니다. 곧이곧대로 말했다가는 비난을 받을 테니 말입니다. 그래서 참다 참다 폭발할 것 같다 싶을 때에는 뒷전에서 욕을 하기도 합니다.

 그런데 다른 사람들로부터 비난받는 것이 때로는 마음 건강에 약이 되기도 합니다. 단, 비난의 내용들이 전혀 근거 없는 것이 아닐 때 그렇습니다. 내가 하는 일이 누구의 마음도 다치게 하지 않고 만장일치로 이루어지는 일은 없습니다. 내가 무엇을 하고자 할 때 혹시라도 간과한 것이 있다면, 비난 형식의 충고를 통해서라도 바로잡는 것이 중요하겠지요. 그런 비난은 당장에 마음은 상할지라도 생산적인 결과로 이어집니다. 나를 돌아보는 성숙의 계기로 삼을 수도 있고요.

또 비난은 자기도취에 빠지는 것을 막아 주는 효과가 있습니다. 자신이 아무리 겸손하려고 해도 주위 사람들이 다 좋다는 이야기만 하고 비난이나 충고 한마디 하지 않는다면, 자기도취에 빠지기 쉽습니다.

아울러 비난은 사람의 마음을 강하게 합니다. 비난은 강의 상류로 올라가려는 나를 거슬러 흐르는 물과도 같습니다. 그 비난을 견디다 보면 마음이 더 강해지게 됩니다. 이것은 고집스러워지는 것과는 다릅니다. 마음의 힘이 얼마나 강한지는 비난받을 때 마음이 흔들리는 정도로 알 수 있다고도 합니다.

비난은 지나치면 독이지만 적당하면 약이 됩니다. 남들로부터 욕먹지 않으려고 움츠리는 삶을 살지 마십시오. 내 마음은 어느 정도 맷집이 좋다고 자부한다면 가끔은 스스로 도마 위에 올라가 보는 것도 나쁘지 않습니다. 도마 위에 선 마음은 십자가의 영성과 닮아 있는지도 모릅니다.

그렇다면 독이 되는 비난 혹은 비판은 어떤 것일까요? 영성가들은 정도를 넘은 비판은 쓸모없는 짓이라고 말합니다. 지나친 비판은 사람이 사람에게 방어막을 치게 만듭니다. 자신의 마음을 있는 그대로 설명하기보다는 자신을 정당화하도록 안간힘을 쓰게 만드는 것이지요. 이런 이유 때문에 지나친 비난과 비판은 위험한 것입니다. 서로의 자존감에 상처를 입히는 것은 물론, 스스로의 자신감이 손상되며, 상대방에 대한 원한까지 불러일으키기 때문입니다. 미국의 심리학자 스키너는 착한 행동에 대해 칭찬을 들은 동물들은 나쁜 행동에 대해 벌을 받은 동물들보다 훨씬 더 빨리 배우고 영리해진다고 했습니다. 사람도 마찬가지입니다. 캐나다의 내분비학자 한스 셀리에는 "우리는 동의를 갈망하는 것만큼, 비난을 두려워한다."라고 말했습니다. 사람은 감정적인 창조물입니다. 때로는 편견에 의해 움직이고, 자존심과 허영심의 지배를 받기도 하지요. 상대방에게 도움이 되는 긍정적인 비난과 비판은 약이 되지만, 마음의 상처만을 남기는 비난과 비판은 병이 된다는 사실을 잊어서는 안 될 것입니다.

겸손과 마조히즘은
하늘과 땅 차이

정신의학 용어 중에 사디즘sadism과 마조히즘masochism이라는 것이 있습니다. 사디즘은 가학적인 성격이고, 마조히즘은 피학적인 성격입니다. 두 가지 성격 모두 문제가 많습니다. 사디즘은 다른 사람을 괴롭히는 행동 양식으로 드러나기 때문에 쉽게 알 수 있지만, 정신적, 육체적 학대를 받는 것을 즐기는 마조히즘은 쉽게 알아차리기가 어렵습니다. 마조히즘 가운데서도 도덕적 마조히즘은 대개 원죄 의식과 관계가 깊어, 거기에 빠진 사람은 마치 신심이 깊고 인내심이 많은 것처럼 보이기 때문에 더욱 구별하기가 어렵습니다.

어린 시절에 어른들로부터 구박을 받고 자란 사람의 경우, 의외로 구박을 받은 사실에 분노하기는커녕 자신을 구박한 존재들에게 긍정적인 태도를 보이기도 합니다. 누군가 자신을 비난하고 해코지

하는데도 한사코 상대방을 변명해 줍니다. 주변 사람들은 이런 그를 성인군자 보듯 하지만 그 사람의 반응은 성인군자와는 관련이 없습니다. 오히려 피학적 성격 장애를 앓고 있을 가능성이 큽니다.

이런 사람들은 대개 자신을 비난하는 자리가 아닌 비난받는 자리에 놓습니다. 욕을 먹는 자리에 있어야 마음이 편안해지는 성격인 것입니다. 이렇듯 다른 사람에 대한 비판은 한마디도 못 하고 오히려 비난받는 것을 편하게 여기는 모습을 착하고 겸손한 것이라 말해도 되는 걸까요? 천만의 말씀입니다. 이런 사람들의 무의식 속에는 오히려 도덕적 우월감이 자리하고 있습니다. 너희들은 화나면 화나는 대로 티를 내지만 나는 이렇게 우아하고 교양 있게 산다는 의식을 밑바탕에 두고 있는 것이지요. 그리고 이렇게 기도합니다. '주님, 저 죄인들을 용서해 주십시오.' 자신의 문제는 보지 못하고 다른 사람들을 위한 기도만 하는 것입니다. 이런 사람들은 처음에는 좋은 사람으로 보이지만, 시간이 지날수록 무겁고 불편한 느낌을 줍니다. 관계가 친밀해질수록 마음속에 눌려 있던 분노가 다른 모습으로 드러나기 때문입니다.

마조히즘과 겸손은 손바닥의 양면과도 같지만 결코 같은 것이 아닙니다. 겸손은 빛의 모습을 하고 있지만, 마조히즘은 어둠 그 자체입니다. 이 두 가지의 차이를 잘 분별하여 건강한 신앙생활 해 나가시길 바랍니다.

귀를 기울이면
사랑이 자라나요

　전화 상담을 직업으로 갖고 있는 한 자매님이 전화로 한 시간 정도 다른 사람의 이야기를 듣고 나면 온몸에 기운이 빠지고 머리가 아프다고 푸념하는 걸 들은 적이 있습니다. 그러자 누군가는 이렇게 말했습니다. 하루 종일 몸으로 일하는 사람도 있는데 전화로 일하는 게 힘들다 하니 몸이 약골인 것 아니냐고요.

　육체노동과 정신노동 중에 어느 쪽이 더 힘이 들까요? 아마도 많은 사람들이 육체노동 쪽에 손을 들어줄 것 같습니다. 가만히 앉아서 전화만 받는 것이 뭐가 힘드냐고 할 사람들도 있겠지요. 하지만 사실은 그렇지 않습니다. 때론 정신노동이 육체노동보다 훨씬 힘이 듭니다. 특히 다른 사람의 이야기를 들어 주는 일은 상상 이상으로 곤욕스러운 일입니다. 신경을 쓰는 정도가 다른 일과는 많이 다르기 때문입니다.

　육체노동의 경우 종류마다 다 다르긴 하지만, 정신노동에 비해 상대적으로 마음의 힘을 쓸 일은 적습니다. 단지 몸의 힘만 쓸 뿐입니다. 하지만 다른 사람의 이야기를 들어 주는 일은 다릅니다. 이야기를 듣는다는 것은 상대방의 마음을 읽어 주는 것이지요. 이 일은 참으로 많은 신경, 즉 마음과 몸의 힘을 동시에 써야 하는 일입니다. 자신의 경험에 비춰 생각해 보시면 이해가 빠를 겁니다. 듣기 싫은 이야기를 계속 들어야 할 때 몸에 어떤 현상이 일어납니까? 지겹고 힘들어서 몸이 배배 꼬이지 않던가요? 하지만 그런 현상을 들킬 수 없으니 몸에 힘을 주고 버티게 되겠지요. 그러다 보면 몸도 마음도 힘이 듭니다. 그래서 봉사 중에 가장 큰 봉사는 다른 사람의 이야기를 들어 주는 것이라고도 합니다.

　사제들도 업무 중 가장 힘든 것으로 고해성사를 꼽습니다. 그만큼 듣는 일이 힘들다는 뜻이겠지요. 듣는 봉사를 잘하기 위해서는 반드시 시간을 정해 놓고 해야 합니다. 누군가의 이야기를 들어 줄 때는 반드시 한 시간을 넘기지 않는 것이 좋습니다. 한 시간을 넘기면 체력이 떨어져 집중해서 듣기 어렵기 때문입니다. 한 시간이 지났는데도 자신의 이야기를 계속해서 이어 나간다면, 상담을 하려는 것이 아니라 푸념을 늘어놓으려는 것이기 때문에 내담자에게도 도움이 되지 않습니다.

어느 영성가는 다른 사람의 말을 들어 주는 것이 열 시간 기도하는 것과 같다는 말을 했습니다. 그만큼 누군가의 이야기를 들어 주는 것이 힘들다는 말이겠지요. 그렇더라도 누군가 자신의 이야기를 들어 주길 원하는 사람이 있다면 외면하지 마시고 그 사람의 이야기에 귀를 기울여 주십시오. 어쩌면 그것이야말로 가장 의미 있는 이웃 사랑일지도 모릅니다. 더 나아가 나에게 자신의 이야기를 용기 내서 하는 상대방의 진심을 받는 귀한 순간이자 내 맘도 더불어 강하게 만드는 가치 있는 나눔이 될 것입니다.

젊은 시절에는 사제는 공부를 많이 한 사람이어야 된다고 생각했습니다. 그런데 나이가 들고 보니 공부보다 더 중요한 것들이 있다는 걸 알게 되더군요. 사제는 아픈 경험이 많아야 한다는 것입니다. 몸과 마음 모두 말입니다. 몸도 마음도 아파 본 적이 없는 사람들은 다른 사람의 아픔에 공감하지 못합니다. 심리 상담가들도 마찬가지입니다. 사제나 상담가에게 가장 중요한 치유 사목 방법이 있다면 그것은 아마 공감일 겁니다. 공감이 깊을수록 아픈 사람의 마음에 귀를 기울일 수 있는 것이지요.

지나친 기대보다는
감사의 마음을

　복음서를 보면 예수님은 아무도 믿지 않으셨다는 이야기가 나옵니다. 당신을 따르는 사람들도 믿지 않으셨다 합니다. 왜 그러셨을까요? 사람에 대한 의심이 많아서는 결코 아닐 텐데 말입니다. 예수님이 사람을 믿지 않으셨다는 것은 사람의 한계를 알고 계시다는 것을 의미합니다.

　사람은 관계 속에서 처음 사람을 만날 때 많은 기대를 거는 경우가 있습니다. '저 사람은 다른 사람들과는 다를 거야.' 하고 말이죠. 그런데 그렇게 기대했던 사람들에 대해 얼마 지나지 않아서 실망했다는 둥, 사람이 그런 줄 몰랐다는 둥 험담을 하게 됩니다. 그 이유를 심리학적으로 살펴보면 지나친 기대감이 실망감을 불러일으켰기 때문입니다. 상대방이 문제가 아니라, 상대방에 대하여 지나친 기대를 가졌던 내게 문제가 있는 것이지요.

예수께서 나타나셨을 때 올리브 가지를 들고서 열렬히 환영하던 사람들이 갑작스럽게 변해서 예수를 십자가형에 처한 것은 바로 이런 심리가 반영된 사건입니다. 사람을 보고 지나친 기대를 갖는 것은 내 마음이 건강하지 않을 때 나타나는 현상입니다. 즉, 자기 평가가 부정적인 경우나, 상대방에 대한 기대치가 지나치게 높은 경우에 실망감도 더 커지는 것입니다. 그래서 누군가 나를 지나치게 실망시켰을 때는 상대방에게서 문제를 찾지 말고, 왜 내가 그 사람에게 큰 기대를 걸었는지, 내 마음에 어떤 문제가 있는지를 돌아보는 것이 좋습니다.

일본 마쓰시다 전기의 창업자 고노스케는 신입사원 면접 때 반드시 이런 질문을 했다고 합니다. "지금까지의 인생이 운이 좋았다고 생각하는가?" 그리고 이 질문에 운이 좋았다고 대답하는 사람들은 뽑고, 그렇지 않았다고 대답하는 사람들은 뽑지 않았다고 합니다. 왜 그랬을까요? 아마도 감사하는 태도를 갖고 있느냐 없느냐를 봤던 것이겠지요. 운이 좋았다고 생각하는 사람들은, 지금 이 자리까지 올 수 있었던 것은 자신의 노력과 재능뿐만이 아니라 자신을 도와준 사람들이 있었기 때문에 가능했다고 생각합니다. 이런 사람들은 똑같은 어려운 상황이 닥쳐도 긍정적인 마음으로 어려움을 극복하고, 주위 사람들에게 기분 좋은 에너지를 줍니다. 이런 태도가 그 사람을 성공의 자리에까지 올려놓는 것입니다.

  이렇듯 모든 것은 자신의 마음 안에 달린 것이겠지요. 사람이 좋았다가 싫어지는 것도, 내 삶이 괜찮아 보였다가 실망스럽게 느껴지는 것도 감사함을 느낄 줄 아는 마음이 있느냐 없느냐에 달린 것 아닐까요. 행복의 비결은 '감사할 줄 아는 마음'이라고 하잖아요. 흔하고 진부한 말 같지만 사실입니다.

너무 꼭
붙어 있진 말자고요

나무를 보고 있으면 사람이 어떻게 해야 건강하게 성장할 수 있는지가 보입니다. 나무가 잘 자라기 위한 적당한 공간에 뿌리를 내리고 커가듯이, 사람도 자신을 잘 성장시킬 알맞은 공간을 갖는 것이 중요합니다. 물론, 어린 시절에는 공간이 없는 편이 더 좋을 수 있습니다. 나무도 어린 묘목일 때에는 촘촘히 심어지듯 말입니다. 하지만 나무는 자랄수록 옆의 나무와의 거리를 둬 자라날 공간을 확보해 줘야 합니다. 그래야 잎과 줄기가 크게 자랄 수 있습니다. 이와 마찬가지로 사람도 자랄수록 자신만의 공간이 점점 넓어져야 합니다.

장소를 뜻하는 공간도 중요하지만, 특히 중요한 것은 심리적인 공간입니다. 그래서 아이들이 크면 자기 방을 만들어 주는 것이지요. 몸과 함께 마음도, 상상력도 훌쩍 자라게 되는 성장기 아이들에게 심리적인 공간을 확보해 주는 것은 참으로 중요한 일입니다. 심리적인 공간을 존중 받은 아이들은 자유롭게 가지를 뻗어 훗날 울창한 숲의 주인이 될 것입니다. 헬렌 켈러와 앤 설리번 선생이 그 좋은 예입니다. 설리번 선생은 헬렌의 곁에서 심리적인 공간을 제공해 줌으로써 청각과 시각을 잃은 그녀를 위대한 인물로 키운 분이었지요.

심리적인 공간을 '관계 안에서의 자유'라고도 말합니다. 이렇게 상대에게 심리적 공간을 제공해 주는 것은 쉬운 일이 아닙니다. 말로는 다른 사람들을 위한다고 하면서 실제로는 상대방에게 심리적인 공간을 주지 않는 경우가 허다하기 때문입니다. 예를 들면 대화 중에 계속 자기 얘기만 하는 것이 그렇습니다. 혹은 다른 사람이 이야기한 것이 틀렸을 경우 한사코 그것을 고쳐 주려 하거나 그것이 틀렸다는 것을 증명하려고 할 때도 마찬가지입니다. 이것은 얼핏 상대방을 위하는 것 같지만 실제로는 심리적 공간을 주지 않는 행동입니다.

사람들은 왜 종종 다른 사람에게 심리적인 공간을 주지 못하는 걸까요? 자신에게 마음의 여유, 즉 심리적인 공간이 없기 때문에 그렇습니다. 사람이 사람을 만나서 같이 할 때에는 자신이 견딜 수 있는 범위 안에서 상대방을 받아들이고 이해합니다. 그것을 마음의 그릇이라고 하는데, 마음의 그릇이 크지 못한 경우 시시콜콜 잔소리를 하게 되고, 자신이 모두 점검하고 참견하려 하게 되는 것입니다. 자신부터 마음 공간이 작으니 다른 사람을 자기 그릇 안으로 받아들이지 못하는 것이지요. 마음의 공간을 키우고 싶다면 한 가지 꼭 기억해야 할 것이 있습니다. '입은 닫고 귀를 여는 것'입니다.

주고받는 기쁨에는
일방통행이 없어요

주고받는 성향을 기준에 두고 사람을 두 부류로 나눠 보겠습니다. 아주 단순하지요. 주는 사람과 받는 사람으로 나뉘니까요. 보통은 주는 사람도 되었다가 받는 사람도 되기 때문에 굳이 이렇게 나눌 필요가 있나 싶습니다. 하지만 세상에는 주고받는 것을 원활히 못하는 사람들이 의외로 많습니다.

누군가는 받는 것에만 익숙해 도통 줄 생각을 하지 않습니다. 또 누군가는 자신이 가진 것을 남에게 주기만 하면서 삽니다. 그렇기 때문에 주변 사람들로부터 칭찬도 많이 받습니다. 가진 것을 다 내어 주고 살라는 주님 말씀을 생활로 실천하는 사람이라고 말이지요. 그런데 이런 사람들은 언제고 문제에 부딪힐 가능성이 큽니다. 자신이 남을 돕지 못하고 무언가를 줄 수 없는 처지가 되면 스스로를 심하게 자책하기 쉽습니다. 심지어 살 가치가 없다고 생각하면서 자기 학대를 하기도 하고요. 다른 사람들에게 도움이 되지 못하느니 죽는 게 낫다는 식입니다. 다른 사람들에게 늘 무언가를 주려고만 하는 사람들의 내면에는 구걸 욕구가 내재되어 있습니다. 어린아이들끼리 놀고 있을 때 사탕을 내놓으면서 자기도 끼워 달라는 아이의 모습을 어른에게서도 볼 수 있는 겁니다. 물론, 아무것도 바라는 것 없이 주는 것 자체가 기뻐서 자신의 것을 나누는 경우는 예외이니 오해 없으시기 바랍니다.

건강한 삶을 살아가기 위해서는 주고받는 것의 균형을 맞춰야 합니다. 주는 것에 인색하지 않되 다른 사람들로부터 받는 연습도 해야 합니다. 주는 기쁨 받는 기쁨이 조화를 이룰 때 건강한 삶, 더 나아가 올바른 신앙인의 삶을 누릴 수 있습니다.

제 4 장

먹구름 끝 환기 시작

계속 화만 내지 말고
바람 한번 쐬고 오세요

화가 나는 일이 생길 때 나를 먼저 돌아보는 훈련이 되어 있지 못하면 분노는 곧바로 험담으로 이어지기 쉽습니다. 분노를 내 안에서 몰아내는 방법을 몰라 전전긍긍 하는 동안 쌓이고 쌓인 분노가 밖으로 흘러 넘쳐 나온 것이 험담입니다. 사실 분노를 다스린다는 건 절대로 쉬운 일이 아닙니다. 특히 어린 시절부터 마음에 상처를 받은 사람에게 분노는 절제하기 어려운 감정입니다. 왜냐하면 그만큼 마음 안에 쌓인 한이 많기 때문입니다. 따라서 그런 사람의 경우 한풀이를 통해 분노를 해소하는 것이 좋습니다.

하지만 여전히 윤리적 관점에서 분노 해소를 통제하려는 사람들이 적지 않습니다. 분노는 내재아가 자기 욕구가 충족되지 않았음을 알리는 신호이며, 아이가 응석 욕구를 채우지 못해 외치는 소리입니다. 그런데도 그저 야단만 치는 어리석은 엄마처럼 자신을 학대하기만 하는 것이지요. 하물며 성인들도 분노 앞에서는 그저 한 인간에 불과했을 겁니다. 사람의 인격 기대치를 너무 높게 잡아 실망을 거듭하지 마시고 사람의 마음은 수많은 변수 앞에서 자연스럽고 건강하게 성장해 나가는 것이라는 걸 받아들여야 합니다.

또 우리를 화나게 한 사람을 너무 빨리 용서하는 것도 권하고 싶지 않습니다. 누군가를 너무 빨리 용서하는 것도 심리적인 문제에서 비롯된 것일 수 있습니다. 뭐든 급해서 좋을 건 없다는 겁니다. 자신의 감정을 들여다보며 천천히 분노를 해소해 나가는 게 좋습니다. 그렇다고 너무 뜸들이지도 마십시오. 화를 오래 붙들고 있어서 좋을 게 뭐가 있겠습니까. 시도 때도 없이 화를 내는 모난 사람으로 낙인찍히기밖에 더 하겠습니까. 적당한 박자를 유지하며 부지런히 마음 길을 걸어가다 보면 이런저런 걸림돌이 하나 둘씩 사라지게 될 겁니다.

분노가 치밀어 충동적으로 화를 퍼부어 버릴 때 당장은 속이 후련할지 모르지만 시간이 지날수록 후회의 감정이 밀려옵니다. 화가 나는 순간에 떠오른 감정들은 너무도 선명하고 확실해 정당한 소리처럼 느껴지지만, 사실 그 감정은 내 분노가 만들어 낸 구름 같은 것일 때가 더 많습니다. 화가 난 원인이 뻥튀기되어 보이고 미운 상대가 더 밉게 보이는 것이지요. 이럴 때에는 잠시 눈을 다른 곳으로 돌리는 게 좋습니다. 나를 화나게 한 대상에서 눈을 떼지 못하면 내 마음속의 분노는 식지 않고 점점 더 부풀어 오릅니다. 분노에 싸여 있을 때 나의 눈은 나를 화나게 한 대상에게만 달라붙어 떨어질 생각을 안 합니다. 조금 거친 비유이긴 합니다만, 개들의 싸움을 떠올려 보면 쉽게 이해가 가실 겁니다. 개들이 화가 나서 서로 싸울 때 아무리 말려도 말을 안 듣습니다. 주인도 몰라보지요. 화가 났을 때에는 억지로라도 기분 전환을 해야 합니다. 바람을 쐬거나 산에 올라 맑은 공기로 가슴을 채워 보십시오. 화로 인해 새카맣게 타 버린 내 마음을 달래 보십시오.

무엇보다 즉흥적인 행동을 자제해야 합니다. 쉼 호흡을 하며 잠시 숨을 돌린 후 행동하는 것이 좋습니다. 대개 성질이 급하고 마음 안에 상처가 많은 사람들이 잘 참지 못하고 감정을 있는 그대로 내뱉어서 수습하기 어려운 결과를 만들어 내는 경우가 많습니다. 그런 분들은 대개 이렇게 말씀하십니다. 나는 화끈하게 한마디 하고 다 잊어버린다고요. 글쎄요. 자기는 잊어버릴 수 있을지 몰라도 가시 박힌 말을 들은 사람은 잊지 못할 겁니다. 상대방의 가슴에 못 박지 않고, 상대방이 내게 앙심을 갖지 않도록 하기 위해서 한 걸음 물러서서 다시 한번 생각하고 충동적인 말은 삼가는 것이 좋습니다. 그래도 못 참겠다면 이불을 뒤집어쓰고 악을 바락바락 쓰십시오. 가상의 상대라도 필요하다면 베개에 대고 소리치십시오. 그렇게 해도 풀리지 않는다면 십자가에 대고 고래고래 소리 지르십시오. 주님은 다 이해하실 겁니다.

심리 치료를 할 때 가장 중요한 것은 자기가 하고 싶은 말을 다 하도록 이끄는 것입니다. 사람은 자기가 하고 싶은 말을 하지 못할 때 분노의 에너지가 몸과 마음을 망가뜨리기 때문입니다. 심리학에서는 이를 '빈 의자 기법'이라고 하는데, 자신이 미워하는 사람이 앞에 있다고 생각하고 하고 싶은 말을 다 하라고 시키는 것입니다. 안에 있는 분노의 에너지, 화의 기운을 내뱉으라는 것이지요. 내담자의 마음은 그러한 치료 작업을 통해서만 안정될 수 있습니다. 나를 분노케 한 사람에게 내뱉는 언어 중에 가장 깊은 곳에서 올라오는 소리는 바로 욕입니다. 때문에 치료자들이 가장 중요시 여기는 것이 욕이라는 언어 표현입니다. 물론, 혼자 있을 때 해야지 사람들이 듣는 곳에서 하면 곤란하겠지요.

살다 보면 때로는 내 마음에 분노를 일으키는 사람들을 만나게 됩니다. 물론 그들을 향한 분노가 정의로운 경우도 있습니다. 그러나 많은 경우 분노는 내 안의 부정한 감정을 감추기 위한 하나의 방어기제, 즉 사람들을 현혹시키거나 속이는 수단입니다. 영성 심리학자들은 어떤 일에 분노가 일어나거든 분노를 일으키는 대상을 보지 말고 자신의 마음을 보아야 한다고 충고하고 있습니다.

마음의
세 가지 불청객

　우리가 살아가면서 가지는 감정 중에 쉽게 구분이 되지 않는 감정들이 있습니다. 그중 하나가 우울과 짜증입니다. 이 두 감정은 표면상으로는 동일한 것처럼 느껴집니다. 하지만 우울과 짜증은 성질이 다른 감정입니다.

　가슴이 답답하고 무언가 얹힌 듯하며 일이 잘 안 풀리는 듯한 느낌을 받을 때 우리는 우울해집니다. 우울감은 일이 잘 안 풀릴 때 자신이 스스로를 공격하면서 생기는 감정입니다. '내가 하는 일이 그렇지, 내 인생이 원래 그렇지, 나 같은 건 죽어도 싸, 내가 죽어도 아무도 모르겠지.'와 같은 생각을 하면서 자신을 공격하는 사람들이 우울감을 쉽게 느끼게 됩니다.

　짜증은 무언가 일이 꼬여 버렸을 때, 내가 아닌 다른 사람들을 비난하는 데서 오는 감정입니다. '저 사람들은 왜 내 마음에 들게 행동하지 못할까, 왜 저렇게 굼뜰까, 저런 사람들이 없어지면 세상이 살 만해지지 않을까.' 하는 식으로 말입니다. 자신은 아주 괜찮은 사람인데 다른 사람들이 자기 성에 안 찬다고 느껴지고 그저 밥벌레로만 보일 때, 우울감으로 포장된 짜증이 생깁니다.

이 두 가지 감정에 대한 처방은 전혀 다릅니다. 우울감을 치료하기 위해서는 위로와 격려가 필요합니다. 반면 짜증은 짜증이 난 당사자의 문제를 정확히 지적해 주고 잘못된 것이 있으면 야단을 쳐야 합니다. 물론, 두 가지를 동시에 치유할 수 있는 공통된 방법이 있긴 합니다. 바로 박장대소입니다. 박장대소는 오래된 이불에 앉은 먼지를 털어 내듯, 사람 마음 안에 쌓인 먼지들을 털어 내는 명약입니다.

그러나 경우에 따라 위로와 격려, 야단, 박장대소 같은 처방으로 나아지지 않는 사람들도 있습니다. 바로 지나치게 좋은 사람이 되려고 하는 사람들이 그렇습니다. 사람은 누구나 다른 사람들에게 좋은 사람으로 보이고 싶어 합니다. 복음에서도 선량한 사람, 착한 사람이 되라고 권유하지요. 그런데 착한 사람이 되어야 한다는 강박이 너무 심해지면 부작용이 생깁니다. 우선 자신의 감정이나 욕구를 등한시하게 되지요. 착한 사람이라는 칭찬을 듣기 위해 자신의 욕구보다는 다른 사람들의 욕구를 먼저 충족시켜 줘야 한다는 생각 때문입니다. 그래서 자기보다 남을 먼저 챙깁니다. 하지만 착한 사람으로 보이기 위해서 한 행위는 다른 사람들로부터 칭찬을 듣지 못하면 서운함과 분노의 감정을 불러일으킵니다. 또 착한 사람이라는 소리를 듣기 위해 한 행동들을 정당화하기에 바빠집니다. 그러다 보면 자신의 인생을 활기차고 행복하게 살 수가 없습니다. 그러므로 남들에게 좋은 사람이 되는 것에 급급하지 말고 자신에게 정직한 사람이 되어야 합니다.

사람의 몸에는 면역력이란 것이 있습니다. 세균이나 바이러스에 노출되고도 병에 걸리지 않는 것은 몸속 면역력 덕분입니다. 면역력은 올바른 식습관과 규칙적인 운동으로 유지된다고 하지요. 이것은 마음도 마찬가지입니다. 즐겁고 재미있게 살 때 마음의 면역력이 생깁니다. 병원에 입원한 환자들을 보면, 같은 환경에서 같은 치료를 받는데도 회복 속도가 사람마다 다른 경우가 많습니다. 여러 가지 요인이 작용한 결과겠지만, 그중 마음의 면역력도 회복 속도에 영향을 미쳤을 겁니다. 많이 웃고 많이 대화하면서 기분이 좋아져 몸의 기운도 좋아지게 된 것이지요. 한 번 사는 인생입니다. 우울할 때도 있고 짜증이 솟구칠 때도 있지만, 탈탈 털고 일어나서 웃으시기 바랍니다. 그것만 한 명약도 없으니까요.

우울, 짜증과 삼총사를 이루는 부정적 감정은 '징징거림'입니다. 저는 젊은 시절 자주 징징거렸습니다. '나는 왜 이렇게 되는 일이 없을까, 난 왜 이리 재수가 없을까.' 하는 생각에서 벗어나지 못했습니다. 하도 징징거리다 보니까 징징거림에 질린 걸까요. 언젠가부터 지나치게 징징거리는 사람들을 보면 마음이 피곤해지더군요. 사람은 누구나 자신의 부정적인 모습을 닮은 사람들을 힘들어하는 성향이 있기도 하고요.

사람이 징징거리게 되는 이유는 뭘까요? 정말 되는 일이 없어서만 징징거리게 되는 걸까요? 그건 아닐 겁니다. 진짜 문제는 예민한 성격 때문일 수 있습니다. 예민한 성격의 사람들은 자신이 극도로 싫어하는 것에 집착하는 경우가 많습니다. 싫어하는 것의 범위가 넓기도 하지요. 이것은 이래서 싫고 저것은 저래서 싫은 겁니다. 싫은 것도 많고 싫은 것에 대한 집착도 강하다 보니, 마치 자신에게만 안 좋은 일이 생기는 것처럼 느끼는 것입니다. 이것을 가용성 편향Availability bias이라고 합니다. 가용성 편향이란, 자신의 경험이나 자주 들어서 익숙하고 쉽게 떠올릴 수 있는 것들을 가지고 세계에 대한 이미지를 만드는 것을 말합니다. 너무 싫은 것도 너무 좋은 것만큼이나 익숙한 경험이 될 수 있고, 그것을 가지고 자신에게 일어나는 일의 전부인 양 생각해 버리는 습관이 생기는 것이지요. 이런 성향이 계속되다 보면, 주변 사람들이 모두 떠나게 될 수 있습니다.

사람들은 모두 각자 힘든 상황들을 극복하며 살고 있습니다. 그런데 계속해서 부정적인 생각을 늘어놓으며 징징거리는 사람 곁에 있다 보면, 잘 극복해 오던 마음이 자기도 모르게 흔들리기도 하고 피곤한 감정이 쌓이게 되는 것이지요. 생각해 보십시오. 어린아이처럼 자기 입맛에 맞는 것만 찾으려 하며 심통을 부리는 미성숙한 사람에게 질리지 않을 사람이 얼마나 될까요.

 징징거리는 성향이 있는 사람들에게는 여행을 추천드리고 싶습니다. 그중에서도 조금은 불편한 여행이 효과적입니다. 긴 시간 여행을 다니다 보면 삶의 축소판이라고 느껴질 만큼 힘들고 불편한 상황이나 감정들을 겪게 됩니다. 하지만, 차이가 있다면 여행은 일상이 아니라는 것이지요. 그렇기 때문에 연습의 기회가 될 수도 있다는 겁니다. 불편한 여행을 슬기롭게 겪다 보면, 불편함이나 짜증스러운 감정에도 조금씩 훈련이 될 수 있을 것입니다. 그러다 보면 유아적인 미성숙함도 차츰 털어 낼 수 있지 않을까요.

불길한 생각은 퇴치하고
좋은 추억은 되살리고

시간을 그저 흘려보내며 무의미한 삶을 살아가는 사람들이 있습니다. 바로 우울증을 앓고 있는 사람들입니다. 그들은 자신의 삶이 의미가 없다고 생각하고, 하루하루를 힘들게 버팁니다. 허공을 딛고 선 듯 멍하게 살아갑니다.

심리학에서는 우울의 이유 중 하나로 자기중심적인 인지가 초래한 비현실적인 인지를 꼽습니다. 사람들은 대개 성공의 원인은 자기 자신에게서 찾고 실패의 원인은 자신 이외의 다른 요인에서 찾습니다. 성공했을 때에는 스스로의 유능함이 일궈 낸 성과라고 자부하고, 실패했을 때에는 불운과 우연을 탓하는 것이지요. 어떤 일이든 나빴던 것보다 좋았던 것을 더 잘 기억하는 자기중심적 인지 습관은 자신을 실제 모습 이상으로 긍정적으로 보게 합니다. 따라서 대부분의 사람들이 자신은 평균 이상이라고 생각하며 살아간다는 것입니다. 때문에 자신이 제대로 인정받지 못하고 있다고 여겨질 때 우울해지는 것입니다.

저 역시 심한 우울증을 앓았습니다. 때문에 지금 말한 증세들이 어떤 것인지 누구보다 잘 압니다. 제게는 그 증세들이 우울증이라고 말해 주는 사람이 아무도 없었습니다. 그래서 정말 오랫동안 심한 고생을 해야 했습니다. 저 같은 사람이 더는 없었으면 하는 마음으로 몇 가지 처방을 제안하려 합니다.

첫째, 자기 삶의 의미를 찾아야 합니다. 사랑하는 사람들을 위해서라도 살아야 한다고 마음을 굳게 먹어야 합니다.

둘째, 우울증이 삼켜 버린 좋은 추억들을 되살려야 합니다. 좋은 추억은 마음에 평화와 위로를 주기 때문입니다.

셋째, 몸이 아무리 무거워도 운동을 해서 체력을 키워야 합니다.

넷째, 음식 냄새가 싫어도 꼭 먹어야 합니다.

다섯째, 우울한 생각들을 멀리하고 우울함이 보내는 소리를 거부해야 합니다. 특히 마음 안에서 자동적으로 떠오르는 끔찍한 생각들, 불길한 생각들을 내 안에서 추방해야 합니다.

여섯째, 이성을 잃을 정도로 불길한 생각이 나를 점령하려 할 때, 냉정을 되찾기 위해 최선을 다해야 합니다.

우울을 단순하게 생각해서 얕보면 안 됩니다. 우울은 사람의 영혼을 무너뜨리는 사악한 힘을 지니고 있습니다. 최소한 위의 여섯 가지 처방만큼은 지키려 노력하면서 우울이라는 감정을 늘 경계하고 조심하시기 바랍니다.

만병통치약으로
화투 어떠십니까?

　사람과 돈은 떼려야 뗄 수 없는 사이입니다. 돈은 생존의 수단이자 자기 품위를 유지하는 수단입니다. 자본주의 사회에서 돈은 사람의 마음을 통제하고 지배합니다. 그리고 사람의 마음을 가장 적나라하게 드러나게 합니다. 우스갯소리로 들릴지 모르겠지만, 어떤 신부님은 자신과 함께 일할 사람을 뽑을 때 꼭 석 달 화투를 쳐서 그 사람의 속을 들여다본 후 뽑았다고 합니다. 심리학적으로 일리 있는 이야기입니다. 내기 화투 앞에서는 자기 마음 숨기기가 어려울 테니까요.
　화투는 자기 수련의 장이기도 합니다. 돈 잃고 아깝지 않은 사람이 어디 있겠습니까. 어쨌든 그 짧은 시간에 인생의 희로애락을 다 맛볼 수 있습니다. 땄을 때의 희열, 잃었을 때의 좌절감 등 여러 가지 감정을 겪으면서 소위 집착이란 것에서 조금씩 멀어집니다. 물론 큰돈 내기 화투는 금물입니다만, 작은 단위의 돈으로 재미 삼아 할 때, 많이 잃으면 잃을수록 초연해지면서 '그래, 잃어 주자, 이 정도 푼돈에 저 사람이 기분 좋아진다면 그것도 좋다.'라고 생각하게 되는 것을 두고 하는 말입니다.

화투는 노인병 예방에도 아주 좋습니다. 얼마 전 양로원에 갔는데, 구석에서 조용히 화투를 치시는 할머니들의 얼굴에 웃음꽃이 피어나는 것을 보았습니다. 화투의 심리 치료 현장을 본 것입니다. 저도 어머니와 함께 가끔 화투를 치는데, 어린아이 같은 감정을 표현하시는 어머니를 보면서 노인병을 가장 싼 값에 치료할 수 있는 방법이 화투라는 확신을 갖게 되었습니다.

화투는 심리적 건강에 도움을 줍니다. 사람의 마음은 감정이란 근육으로 이루어져 있는데, 몸의 근육과 마찬가지로 감정 근육도 골고루 다 사용해야 합니다. 화투를 칠 때는 온갖 감정 근육이 다 사용됩니다. 그래서 화투 치는 노인들이 우울증에 잘 안 걸리나 봅니다. 치매 예방에 좋다는 건 이미 누구나 아는 사실이고요.

두려움도
은총이라지요

　두려움, 그것은 아마 가장 인간적인 감정일지도 모릅니다. 하지만 그 두려움을 밖으로 표출하는 순간 주변 사람들로부터 겁쟁이로 몰리기 십상이지요. 그래서 우리는 두려움을 감추고 살아갑니다. 특히 남자 아이들의 경우, 겁쟁이 소리를 듣는 순간 모든 게 끝날 것처럼 필사적으로 용감한 척합니다.

　하지만 두려움은 여러 가지 순기능을 가지고 있습니다. 그중 하나가 조심성의 생성입니다. 두려움은 내가 가야 하는 길에 덫이나 구덩이가 없는지 조심조심 살피게 하는 유용한 벗입니다. 그리고 두려움은 배려심을 갖게 합니다. 겁 없이 내키는 대로 행동하는 사람들을 잘 살펴보십시오. 그런 사람들은 다른 사람에 대한 배려가 적어서 자신들의 힘이 없어지게 되면 주변 사람들로부터 소외됩니다. 지나치면 병이 되지만 적당한 두려움은 건강한 신앙인으로 살아가기 위한 동반자입니다. 그래서 하느님께 두려움의 은총을 청하는 기도도 있는 것입니다.

하느님이 어렵다고 하는 신자들이 있습니다. 하느님께 솔직하고 편안하게 기도를 하라고 해도 잘 안 된다고 합니다. 그런 사람들은 다른 사람들이 자유롭게 기도하는 것을 막기조차 합니다. 하느님을 어려워하는 사람들의 마음을 들여다보면, 하느님을 어려워하는 것이 아니라 무서워한다는 생각이 들 때가 많습니다. 하느님을 어려워하는 것과 무서워하는 것은 다릅니다. 무서워하는 것은 처벌과 관련된 것입니다. 내가 이런 행동을 하면 하느님이 나를 싫어하셔서 나를 버리시거나 나를 처벌하실 거라고 생각하는 거지요. 이런 무서움은 자기 자신을 혹독하게 몰아붙이는 기도 방식을 택하게 합니다. 때문에 신앙 안에서 자유로움을 느끼는 것이 아니라, 공포와 부자유를 체험하게 됩니다.

하느님을 두려워하는 것은 어떤 것일까요? 그것은 존경하는 스승님을 어려워하면서도 애정을 갖는 것과 비슷합니다. 두려움은 하느님으로부터 멀어지게 하지 않고, 오히려 더 가까이 다가가게 합니다. 무서움과 두려움은 전혀 다른 것임에도 불구하고 많은 사람들이 두 가지를 혼동합니다. 그래서 신앙도 공부를 해야 합니다.

불평은
재활용 쓰레기 같은 거예요

　사람이 살다 보면 불평이란 것을 하게 됩니다. 일이 힘들어, 사람이 힘들어, 사는 게 힘들어, 세상이 왜 이래 등의 불평을 하게 되지요. 그런데 교회에서는 절대로 불평하지 말고 모든 것에 감사하며 살라고 가르칩니다. 혹은 하느님께 받은 것이 얼마나 많은데 불평들을 하느냐고 야단치기도 합니다. 이 말은 어떤 면에서는 맞습니다. 그러나 모든 불평을 다 부정적인 것으로 치부하는 것은 좋은 생각이 아닙니다.

　사람이 하는 불평에는 세 가지가 있다고 합니다. 유익한 것, 해로운 것, 기분풀이용입니다. 이중에서 우리가 가장 많이 사용하는 불평은 기분풀이용입니다. 자신의 스트레스를 풀기 위해서 불평을 하는 것입니다. 사람들끼리 모여서 험담하는 것이 바로 이런 종류에 해당합니다. 어떤 생각을 가지고서 하는 것이 아니라, 그저 마음의 짐을 덜기 위해서 하는 것입니다. 이런 불평은 심리 치료 효과가 있습니다. 두 번째는 유익한 불평입니다. 이 불평은 지금의 문제점이 고쳐지지 않는 것에 대하여 문제 제기를 하는 것입니다. 이런 불평에는 논리적인 근거가 있기 때문에 듣는 사람이 경청한다면 그만큼 좋은 결실을 거둘 수 있습니다. 세 번째는 전혀 도움이 되지 않는 해로운 불평입니다. 이 불평은 사람들 사이를 갈라지게 하는 결과를 낳습니다. 그리고 불평이 자기 자신을 망가뜨리기도 합니다. 이런 불평은 반드시 삼가야 합니다.

쓰레기가 나왔을 때 사람들은 그것을 다 버리지 않고 쓸 만한 게 있는지 찾습니다. 재활용품을 찾는 것이지요. 불평 역시 입을 닫게 하거나 죄를 짓는 것이라고 비난만 할 것이 아니라 쓸 만한 게 있는지 잘 구분해 볼 필요가 있습니다.

불평과 일란성 쌍둥이 같은 것이 갈등입니다. 사람과 사람이 만나면 갈등이 생깁니다. 혹은 선택을 할 때에도 갈등이 생깁니다. 갈등은 불편한 감정입니다. 때문에 사람들은 갈등에서 벗어나고 싶어 합니다. 자신의 힘으로 벗어나지지 않을 때에는 기도를 합니다. 하느님께서 해결해 주시기를 청하는 것이지요. 마음이 많이 약해진 사람들의 경우 점을 보러 가기도 합니다. 갈등을 없애고 싶은 마음에서 비롯된 전형적인 회피 방법입니다.

사실 갈등은 그 존재의 의미를 생각하는 것이 우선입니다. 심리학자 융은 갈등하는 여러 요소들이 만들어 내는 긴장이야말로 생명의 본질 자체라고 하였습니다. 성장은 대립과 갈등을 통해 생겨난다는 것이지요. 긴장이 없으면 에너지도, 인격도 없습니다. 중요한 것은 갈등으로 인해 인격이 무너지느냐 혹은 지켜지느냐에 달린 것일 겁니다. 인격이 무너지면 신경증을 앓는 등의 부정적인 결과들이 생겨나겠지만, 인격이 지켜지면 창조적 업적을 이루게 될 수도 있습니다. 갈등이란 것이 원동력이 될 수도 있는 것이지요.

이것은 신앙생활에서도 마찬가지입니다. 신앙생활에도 갈등이 필요합니다. 갈등을 통해 새로운 신앙을 추구할 필요가 있습니다. 그러나 사람은 새로운 것에 대하여 거부감을 느끼는 경향이 있습니다. 종교 역사를 되짚어 보면, 새로운 시도는 이단으로 몰려 단죄되어 오기도 했지요. 분명한 것은, 여러 생각들 사이의 대립과 갈등은 건강하게 다듬어지고 발휘되었을 때 인간 성장의 발판이 된다는 것입니다. 무엇이든 끊임없이 물음을 던지는 것이 중요합니다. 그것이 종교든 국가든 공동체든 제도화되는 과정 속에서 아무도 물음을 던지지 않으면 권력화 현상이 생겨납니다. 그렇게 되는 순간 성장은 멈추고 후퇴가 시작되는 것입니다.

프로이드는 요가나 동양의 종교를 차가운 눈으로 보았습니다. 모든 것을 희생하여 내면의 평온함을 달성하는 것을 부정적으로 본 것입니다. 인생의 목표가 오직 갈등에서 벗어나는 것이라면, 내적 빈곤을 벗어나기 힘들 것이라고 생각했던 것입니다. 갈등에서 벗어나는 것도 중요하지만, 갈등을 어떻게 잘 다루어 발전적인 결과로 이어지게 만드느냐가 더 중요할 것입니다. 마치 버려도 되는 쓰레기로 보이는 것을 되살려 유용하게 재활용하는 것처럼 말입니다.

질투의 화신까진
되지 마세요

 질투가 없는 사람은 없습니다. 질투란 히브리어로 '키느아', 즉 '곁눈질하다, 증오심을 품다, 나쁜 마음을 품다.'라는 뜻입니다. 질투는 부러움과는 다른 것입니다. 부러움이 생산적인 것이라면, 질투는 상당히 파괴적인 감정입니다. 특히 지나친 질투는 개인의 영적 성장뿐 아니라 교회 공동체를 파괴하는 감정이기에 조심해야 합니다.

 질투는 남녀노소를 가리지 않고 누구나 다 가지고 있습니다. 사실과 다른 선입견입니다만, 질투를 여자들이 더 잘 느끼는 감정으로 여기는 의식이 팽배하기도 합니다. 하지만 남자들의 질투야말로 아무도 못 말립니다. 자신들이 질투를 한다는 사실을 인정하기 싫어 쉬쉬해 온 것뿐이지요. 남자들의 질투는 때로 살인을 낳기도 합니다. 구약에서 일어난 살인 사건들은 거의 남자들의 질투에서 비롯된 것입니다.

노인의 경우는 어떨까요? 인생의 모든 희로애락을 겪었을 테니 그런 감정에서는 벗어났겠지 생각하기 쉽지만, 그렇지 않습니다. 벗어난 것이 아니라 잠시 접어 두었을 뿐입니다. 예를 들어 볼까요? 보좌 신부 옆에 오는 젊은 여성들을 자꾸 야단치며 '신부님 기도 생활을 방해하는 마귀 같은 것들'이라고 욕하는 노인들도 있습니다. 정말 젊은 신부를 생각해서 그런 걸까요? 글쎄요. 질투 때문일 수도 있습니다.

질투는 보편적인 감정이긴 하지만 도가 지나쳐 질투에 눈이 멀었다 싶을 만큼 질투심에 휘둘리는 사람들도 있습니다. 이유가 뭘까요? 이런 사람들은 대개 어린 시절 부모로부터 남들과 끊임없이 비교당하며 자라 왔을 가능성이 큽니다. "너는 왜 언니의 반도 못 쫓아가니?"라든가, "너는 아무리 해도 형의 반도 못 따라가는구나."라는 소리를 듣고 자란 사람들의 마음은 질투로 가득 찰 수밖에 없습니다.

부모로부터 그런 비교를 당하지 않은 경우라 하더라도 우회적 비교는 있었을 수도 있습니다. 가령 이런 식입니다. "너도 열심히 하면 저렇게 될 수 있어." 이런 말은 사실 격려가 아니라 아이의 기를 죽이고 열등감을 키워 마음에 무의식적인 질투를 만들어 내는 결과를 낳습니다. 이렇게 늘 좋지 않은 비교의 대상이 된 사람들은 늘 마음이 편치 않고, 항상 가자미눈을 뜨고 자기 것과 남의 것을 비교하면서 속을 끓이게 됩니다.

끊임없이 자신의 삶을 다른 사람의 것과 비교하며 살아가는 사람들은 불행합니다. 왜냐하면 비교는 하면 할수록 마음이 힘들어지는 것이기 때문입니다. 또 비교하는 삶을 사는 사람들은 비틀린 행복을 추구하는 성향을 갖게 되기도 합니다. 예를 들면, 어떤 집 아이가 공부를 잘하는데 대학 입시에 실패했다고 가정하겠습니다. 남들과 비교하며 살아가는 사람들은 그 이야기를 듣고 바로 전화를 걸어 위로하는 척하면서 사실은 혼자서 고소해하고 기뻐합니다. 비교를 통해서 병적인 행복감을 얻는 것입니다. 반대로 어린 시절 나보다 못한 아이가 어른이 되어 잘된 모습을 보면 축하해 주는 것이 아니라 이불을 싸고 누워서 통곡합니다.

질투는 부러움과는 다른 것입니다. 부러움은 상대방을 보며 나도 한번 해 봐야지 하는 마음을 불러일으키는 것입니다. 그러나 질투는 어떻게 해서라도 상대방을 꺾어야지 하는 파괴적인 감정을 불러일으킵니다. 그래서 부러움은 갖되, 질투는 접어 두라고 하는 것입니다.

그러나 질투를 없애는 것은 사실 굉장히 어렵습니다. 단지 줄일 수 있을 뿐입니다. 그러기 위한 방법은 비교하지 않고 사는 것입니다. 내게 주어진 삶에 감사하고, 남의 것에 눈을 돌리지 않는 것이 질투를 줄이는 지름길입니다. 질투에 휘둘리며 사느냐, 아니면 마음 편히 사느냐 하는 것은 내 눈을 어디에 두느냐에 달려 있다는 것이지요. 자칫 늘 남의 떡이 커 보이는 환상 속에서 괴로움을 겪으며 살게 될지 모르니 질투는 불을 다루듯이 조심히 다뤄야 합니다.

그저 아무 말 없이
들어 주기만 하면 돼요

불안한 마음을 어떻게 하면 없앨 수 있느냐고 묻는 사람들이 많습니다. 불안에 시달리다 보면 불안을 없앨 해결책을 찾고 싶은 게 당연한 것이지요. 문제는 우리의 인생 자체가 불안을 안고 가야 하는 구조를 가지고 있다는 것입니다. 불안은 내 인생에 따라다니는 조강지처, 조강지부라고 해야 할까요. 없앨 수는 없고 달래면서 살아가야 합니다.

불안은 불안하게 만드는 조건을 내려놓으면 사라지는데, 이것은 모든 것이 보장된 사람들이나 가능한 이야기이고, 일상생활을 해야 하는 사람들은 그렇게 살 수가 없습니다. 가끔 종교인들이 모든 것을 내려놓으면 평안함을 얻는다고 말하는데, 하루하루 쫓기며 사는 사람들은 그런 생각을 갖기가 어렵습니다. 그저 불안을 최소화하면서 살아갈 수밖에 없습니다.

　마음이 불안한 사람에게 주변 사람들이 흔히 하는 말은 "마음 편히 가지세요."입니다. 말이 쉽지 마음이 불안한 사람에게 마음 편히 가지라는 말처럼 도움 안 되는 말도 없습니다. 사람이 자기 마음을 편안하게 만들 줄 아는 단계는 마음 수련이 상당한 경우에만 가능한 일이기 때문입니다. 대부분의 사람들은 마음을 편히 만드는 방법을 모릅니다. 설령 알더라도 수련 기간이 짧아서 제대로 하지 못하는 경우가 대부분입니다. 그럴 만한 환경이 조성되어 있지도 않습니다.

　그럼 마음이 불안한 사람을 만났을 때 어떻게 해야 도움을 줄 수 있을까요? 방법은 간단합니다. 그저 아무 말 없이 들어 주기만 하면 됩니다. 마음이 불안한 사람들은 자기들이 가진 문제를 함께 나눌 사람이 아무도 없을 거라는 생각 때문에 더 힘들어하므로 그저 옆에 있어 주는 것만으로도 불안감을 줄이는 데 상당한 도움을 받게 됩니다. 그런데도 이야기를 들어 주는 것은 소홀히 하면서 마음 편히 가지라는 식의 충고만 하는 것은 상대방을 진정으로 위하는 일이 아닐 겁니다. 어쩌면 자신이 그런 처지에 있지 않음을 다행으로 여기는 사람들의 무책임한 안도일 수도 있습니다.

　예수회 채준호 신부의 말이 떠오릅니다. 자신이 덜 거룩하고 덜 영리하다고 생각하는 사람이 지도자가 되는 게 좋은 것 같다는 말이었습니다. 스스로 거룩하고 똑똑하다고 자부하는 사람들은 조금은 모자란 듯 보이는 사람을 잘 견디지 못하기 때문이라고 하더군요. 제 경우는 어땠을까 생각해 보았습니다. '공부할 게 아직 한참 남았구나, 내가 참 무지하구나.'라고 판단되었을 때에는 다른 사람들에게 마음 열기가 더 쉬웠습니다. 반면 '이제 더 배울 게 없는 것 같다.'고 생각하게 되면, 저에게 자신의 이야기를 해 오는 사람에게 저도 모르게 잔소리를 하게 되더군요. 누군가의 말을 들어 주는 일의 시작은 나의 마음을 돌아보고 잘 정비하는 일인 것 같습니다.

마음이 힘겨운 사람들에게는 내가 던지는 한마디 말이 도움이 아니라 부작용을 낳을 수도 있다는 사실을 잊지 마십시오. 어떻게 얘기해야 할지 모를 때에는 이래라 저래라 하지 말고 그저 잘 들어줌으로써 그들과 함께해 주시기 바랍니다.

과감히
대본을 수정하세요

능력도 있어 보이고 무엇인가 할 만한 사람인데 영 시원찮은 인생을 사는 경우를 볼 때가 있습니다. 왜 그럴까요? 그 사람의 인생 각본이 부정적이어서 그렇습니다. 사람은 누구나 자기 인생 각본을 갖고 있습니다. 내 인생 각본은 어린 시절 다른 사람들의 반응들이 각인되어 쓰인 것입니다. 주위 사람들의 반응이 부정적인 경우, 부정적인 인생 각본이 쓰입니다. '나는 못난 인간이며, 내 인생은 별 볼 일 없는 인생이다. 나서지 말고, 남의 눈에 띄지 말고, 뒤에 숨어 사는 것이 좋다.'와 같은 각본 말입니다. 이런 부정적인 각본을 가지고 살아가다 보면 자기에 대한 부정적 감정이 더 강화되고, 인생살이가 점점 더 꼬여갑니다.

그런데도 이런 부정적인 각본을 왜 버리지 못하는 걸까요? 사람은 각본 없이는 살 수 없는 존재이기 때문입니다. 그래서 자신을 불행하게 하는 각본일지라도 버리지 못하는 것입니다. 또한 부정적 각본을 가지고 오래 살다 보면 낯이 익고 몸에 배어서 그것이 올바른 각본인 양 착각하게 됩니다. 그래서 한 번 꼬인 인생은 좀처럼 활짝 펴기 힘들다고들 합니다.

주님께서는 새 술은 새 부대에 담아야 한다고 하셨는데, 이것은 사람이 잘 살려면 인생 각본을 바꿔야 한다는 말씀입니다. 그렇다면 어떻게 해야 인생 각본을 바꿀 수 있을까요? 어떤 생각이든 잘게 씹어야 합니다. 씹는 행위는 크게 두 가지로 나눌 수 있습니다. 음식을 이로 씹는 것과 어떤 생각을 깊이 하는 것, 두 가지입니다. 우리는 어떤 생각을 골똘히 하는 것을 두고 곱씹는다는 표현을 하기도 합니다. 생각하는 것과 씹는다는 표현의 호응이 여기에서 비롯된 듯합니다.

무엇인가를 씹는 것은 사람에게 어떤 영향을 미칠까요? 두 가지 모두 사람에게 아주 중요합니다. 즉, 사람의 건강에 상당히 큰 영향을 미친다는 말입니다. 음식을 이로 씹는 행위는 소화를 도와줄 뿐만 아니라 뇌를 자극하여 머리를 좋게 해 줍니다. 먹지도 않고, 씹지도 않으면 머리 회전이 느려집니다. 어떤 생각을 곱씹어 할 때에도 마찬가지 현상이 나타납니다. 생각을 깊이 하면 할수록 머리가 자극을 받아 생각의 폭이 넓어지게 됩니다. 나이 드셔서 책을 보는 분들이 치매에 걸릴 확률이 상대적으로 낮은 이유도 바로 이 때문입니다. 생각을 곱씹다 보면 지혜가 생기기도 합니다. 마음 씀씀이가 넉넉하고 아량이 넓으며 몸과 마음이 건강한 어르신들을 뵐 때마다 저분들은 평생 동안 씹는 행위를 부지런히 잘 하셨구나 하는 생각이 절로 듭니다.

부정적인 생각 다루기

　시골에서 사는 사람에게 살기 어떠냐는 질문을 했더니 두 가지 대답이 나왔다고 합니다. 하나는 '흙길이 건강에 너무 좋아요, 공기도 좋고요, 물도 그냥 마셔요.'라는 대답과 다른 하나는 '공기가 밥 먹여 주나요? 비만 오면 흙길이 얼마나 불편한지 몰라서 하는 소리지요.'라는 대답입니다. 두 가지 대답이 다 일리가 있습니다. 그런데 왠지 마음이 가는 말은 전자의 대답입니다. 후자의 대답은 맞는다고 생각하면서도 왠지 그렇게 말한 사람이 까칠한 성격의 사람일 것 같은 생각이 같이 듭니다.

　생각을 반복적으로 하다 보면 습관이 된다고 합니다. 좋은 생각이 습관이 되면 괜찮은데, 부정적인 생각이 습관이 되는 경우 문제가 됩니다. 부정적인 사고 습관을 가진 사람들은 얻는 것보다 잃는 것이 훨씬 더 많습니다. 그래서 많은 사람들이 부정적인 사고방식을 고치는 방법을 개발했습니다. 그 중의 하나가 로버트 오이러가 개발한 방법입니다. 그는 팔목에 고무 밴드를 묶고 자기가 부정적인 생각을 할 때마다 고무줄을 튕겼다고 합니다. 그렇게 고무줄을 튕기게 되는 양상을 보다 보니, 자기도 모르게 부정적인 생각을 많이 하고 있었다는 것을 알게 되었답니다. 그 후로 횟수를 줄이기 위해 노력한 결과 사고방식이 호전되었다고 합니다. 또 심리학자 마틴 샐리그만은 '내년에도 이럴 것인가.'라는 생각을 하면서 지금의 힘겨움에 매달린 생각들을 정리한다고 합니다. 또 에이브러햄 링컨은 "사람은 자기가 무엇이 되고 싶다고 생각하면 원하는 만큼 행복해진다."라고 말했습니다. 이렇게 말한 링컨이 극심한 우울증 환자였다는 것을 아는 사람은 별로 없습니다.

부정적인 생각은 언제나 우리 마음을 힘들게 합니다. 부정적인 생각에서 벗어나려고 잠을 설쳐가면서까지 온갖 애를 써도 점점 더 마음 안에 착 달라붙어 떨어질 생각을 하지 않습니다. 이럴 땐 도대체 어떻게 해야 하는 걸까요? 이런 물음에 대하여 심리치료사 네비아 뮬란은 다음과 같은 조언을 합니다.

첫째, 자신이 부정적인 생각을 한다고 스스로를 비난하는 것은 자신을 두 번 벌주는 것과 같다고 합니다. 오히려 덜 파괴적인 방법으로 상황을 해결할 수는 없는지에 대하여 생각해 보는 것이 좋다고 충고합니다. 둘째, 아무리 심각한 문제일지라도 절대로 잠을 설쳐가면서까지 한밤중에 문제를 해결하려 해서는 안 된다고 합니다. 비관적 전망이 현실이 될 때까지 가급적 비관적인 목소리와 거리를 두는 것이 좋다고 합니다. 그렇게 하지 않고 비관적인 생각에 매몰되게 되면, 부정적인 결과를 과장해서 받아들이는 좋지 않은 현상이 생긴다는 것입니다. 셋째, 부정적인 생각이 일정 수준을 넘어서는 안 된다고 합니다. 그것이 다른 건강한 부분까지 오염시키는 결과를 낳기 때문입니다. 부정적인 생각이 생겨날 때에는 모든 수단을 동원해서 다른 건강한 감정이 오염되지 않도록 보호해야 합니다. 넷째, 비관적인 생각을 재구성하려면 자동적으로 떠오르는 부정적인 생각을 인정하고, 인내심을 가지고 그것에 저항하는 법을 배워야 합니다.

너무 편하기만 하면
내면의 소리가 잘 안 들려요

사람은 부족한 것을 완전하게 채우도록 부름 받은 존재가 아니라, 부족한 채로 일상생활에서 거룩함을 발견하도록 부름 받은 존재입니다. 우리는 일반적으로 성인 혹은 완전한 사람이라고 하면 죄 하나 짓지 않고 흠 하나 없는 사람, 늘 하느님만 생각하며 사는 사람으로 생각합니다만, 그것은 하나의 환상일 뿐 현실이 아닙니다. 현실은 불편함 그 자체입니다.

기도 생활을 하시는 많은 분들이 갖는 불편함 중에는 완전한 평화, 불편함이 없는 삶을 꿈꾸기 때문에 생기는 것도 있습니다. 이것은 일종의 신앙 강박증으로, 끊임없이 자기를 채근하고 쉬지 못하도록 하는 데서 오는 불편함입니다. 완벽하려는 강박증이 있는 사람들은 자기 마음 안에 평화가 아닌 불편한 감정이 생기는 것을 용납하질 못합니다. 그래서 불편한 감정을 자기 것이 아닌 마귀가 든 것이라고 치부하거나, 마치 자기는 맑고 아름다운 영혼인 양 연극성 성격 장애자의 모습을 연출하기도 합니다. 이처럼 자신을 과대평가하는 사람들은 불편한 감정을 받아들이지 못하고 없애려고만 하다가 겉치레 성인 같은 삶을 살게 됩니다. 이런 삶을 사는 사람들을 성경에서는 회칠한 무덤에 비유했습니다.

우리는 마음 안에 불편한 감정이 생기는 것을 참으로 싫어합니다. 그래서 기도도 편안함을 구하는 기도를 합니다. 그러나 불편한 감정은 쓰레기처럼 버릴 감정이 아닙니다. 불편한 감정은 여러 가지 용도로 사용됩니다. 우선 자기 한계를 알게 합니다. 우리 마음이 늘 평안하다고만 생각해 보십시오. 자신의 감정에 도취되어 자기도 모르게 교만하게 됩니다. 불편한 감정은 이런 자아 팽창 성향을 막아 주는 기능을 합니다. 또한 불편한 감정은 자기 내면으로 들어가는 입구 역할을 합니다. 많은 분들이 조용한 명상을 통해서만 마음 안으로 들어갈 수 있다고 생각하는데, 불편한 감정과의 진지한 대화 역시 자기 마음 안으로 들어가는 좋은 방법입니다.

토마스 무어는 《영혼의 돌봄》이란 책에서 사람의 심리적인 아픔은 없애야 하는 대상이 아니라 영혼이 온전해지기 위해 반드시 필요한 요소라고 말합니다. 우리는 불편함을 부정적으로만 보고 없애려고 하는데, 사실은 그 소리를 잘 들어 주어야 한다는 것입니다.

불편함 자체가 사람을 온전하게 하려는 영혼의 소리이기 때문입니다. 최고의 선수가 되고자 하는 운동선수가 절대로 자신에게 만족하거나 안주하지 않는 것과 같은 이치입니다. 내 눈에 불완전함이 보여야 실력을 쌓기 위해 더 노력하게 됩니다.

심리 상담가들도 마찬가지입니다. 피상적이고 얄팍한 공부를 하는 사람들은 불편한 감정을 남의 탓으로 돌리고, 그 감정 안으로 절대로 들어가려고 하지 않습니다. 이런 분들이 심리학을 공부하면 자기 공부를 자기 탐색이 아니라 타인 공격용으로 사용합니다. 그래서 심리 상담가가 되려는 사람들은 다른 사람들을 상담하기에 앞서 자기 자신이 먼저 상담을 받아야 합니다. 불편함을 피하지 않고 우직하게 들여다보는 소 같은 심성을 가져야 상담가로서 다른 사람들에게 도움을 줄 수 있습니다.

원래 그런 거라고
주저앉지 말자고요

간혹 세상일에 달관한 듯 행동하는 사람들을 볼 때가 있습니다. '세상살이가 원래 다 그런 거야.' 하는 표정으로 사는 사람들입니다. 아이러니하게도 그런 사람들 중에 비관주의자가 많다고 합니다. 비관적인 삶은 하느님이 원하시는 삶이 아닙니다. 비관적인 삶은 자신과 주위 사람들에게 주님이 주시는 은총을 깨닫지 못하도록 만드는 병적인 삶이기 때문에 반드시 극복해야 합니다.

비관적인 삶의 특징은 무엇일까요? 비관주의자들은 스스로 현실주의자라고 생각합니다. 자기는 세상 물정을 제대로 알고 있다고 생각하는 것입니다. 늘 남을 가르치려 하고, 남의 이야기를 잘 듣지 않기 때문에, 세상이 다 나쁜 것만은 아니라고 말하는 사람들에게 온갖 증거를 제시해 세상이 비관적인 곳임을 입증하려고 합니다.

또 자신은 그런 세상살이로 인해 잃은 게 많다는 피해의식이 강합니다. 지금 이 순간, 이곳에서의 즐거움이 없고, 어떤 것에도 만족할 줄 모릅니다. 자기가 늘 불행하다고 생각하기 때문에 심통 사납게 보이기도 합니다.

비관주의의 원인은 무엇일까요? 이유야 여러 가지가 있을 수 있습니다. 개인사의 이력도 빼놓을 수 없는 근거가 되겠지요. 그런데 대부분은 열등감에서 시작됩니다. 상황을 바꿀 능력이 없다는 자격지심 때문에 못 먹는 감 찔러나 보자는 식으로 세상에 대해 비관적인 시각을 갖게 된 겁니다.

이런 사람들은 삶의 태도를 어떻게 바꾸어야 할까요? 우선 하느님께서 그런 모습의 삶을 보기 좋다고 하실지 자문해 보아야 합니다. 그리고 그런 삶이 자기 인생과 다른 사람들에게 얼마나 도움이 될 것인지 생각해 보아야 합니다. 비관적인 삶에서는 아무것도 얻을 수 없고, 아무에게도 인정받을 수 없음을 깨달을 때 비로소 비관주의로부터 벗어날 수 있기 때문입니다.

아무것도 얻을 수 없고 인정받을 수 없는 비관적인 삶은 닭장 속의 닭과도 같은 삶입니다. 한 마리 독수리가 있었습니다. 그 독수리는 닭장 속에서 눈과 입을 닫고 날개를 접은 채 닭으로 살았습니다. 자신이 독수리라는 사실마저도 모두 잊고 말입니다. 그러던 어느 날, 닭장에 머리를 짓찧으며 밤새 울다 보니 닭장 한 귀퉁이가 무너져 내렸습니다. 나갈 틈이 생긴 것입니다. 하지만 용기가 나지 않았습니다. 오랜 세월 닭장 안에서만 살았기에 밖으로 나가는 것이 두려웠던 것이지요. 그때 닭장 밖 부엉이 한 마리가 다가와 이렇게 말했습니다. "넌 왜 닭장 안에 있어? 넌 독수리잖아. 어서 날아 봐." 독수리는 자신이 독수리라는 사실을 그때 처음 깨달았습니다. 그래서 용기를 내어 닭장 밖을 나왔습니다. 부엉이는 독수리에게 나는 법을 알려 주었습니다. 부엉이의 도움을 받아 나는 연습을 하던 독수리는 드디어 날개에 힘이 생기는 것을 느낄 수 있었습니다. 그런데 독수리가 날려고 하자 닭들이 돌을 던지기 시작했습니다. 감히 닭 주제에 하늘을 날려 한다며 비웃기 시작했습니다. 하지만 한 번 나는 맛을 알게 된 날개는 접히지 않았습니다. 비좁고 답답한 닭장으로 돌아갈 수 없었습니다. 독수리는 자신이 닭이 아닌 독수리라는 것을 알게 되었기 때문입니다. 독수리는 하늘을 날았습니다. 그리고 자유로움과 당당함, 편안함을 느꼈습니다. 하지만 이 세상의 닭장은 하나가 아니었습니다. 여기저기 많은 닭장이 있었습니다. 그리고 그곳에 수많은 독수리들이 날개가 꺾인 채 갇혀 있었습니다. 독수리는 자신의 과거 모습과 똑같은 닭장 안 독수리들에게 용기를 내어 날아 보라고 외쳤습니다. 그 외침에 귀를 기울이고 자신을 돌아볼 수 있는 독수리는 얼마나 될까요? 여러분은 여러분을 어떤 존재라고 생각하시나요? 닭인가요, 독수리인가요?

때로는
손바닥 뒤집기도 잘해야죠

 인생을 살아가는 방식을 나누는 여러 기준 중 하나로 낙관주의와 비관주의를 들 수 있습니다. 낙관주의 인생관을 가진 사람들과 비관주의 인생관을 가진 사람들의 삶의 태도는 극명하게 다릅니다. 안타까운 것은 비관적으로 사는 사람들은 대부분 낙관주의자들을 비웃는다는 것입니다. 낙관주의자들이 허허 웃으면서 사는 모습을 보며 이렇게 말합니다. '현실을 외면한 채 단순하게 살고 있군, 속없이 사네, 아직 철이 덜 들었군, 아직 고생을 덜해서 그래.' 그리고 온갖 세상 걱정을 하면서 심각하게 사는 자신들이야말로 제대로 사는 사람들이라고 자부합니다. 그러나 이러한 생각은 그야말로 단순한 편견에 지나지 않습니다. 이런 사람들은 낙관적인 것과 무신경한 것을 혼동해서 생각하고 있을 가능성이 큽니다.

낙관적인 것과 무신경한 것은 어떻게 다를까요? 이 둘 사이의 차이점은 삶의 목표와 의지가 있느냐 없느냐에 달려 있습니다. 낙관적인 사람들은 삶의 목표가 분명합니다. 단지 자기 자신을 학대하지 않고, 몰아붙이지 않고, 쉬엄쉬엄 가기 때문에 속 좋은 사람처럼 보일 뿐입니다. 또한 낙관적인 사람들은 모든 것을 자기 성장을 위한 과정으로 받아들입니다. 그래서 자신에게 다가오는 것들에 대하여 무엇은 좋고, 무엇은 싫다는 식의 가림이 적습니다. 쓰면 쓴 대로, 달면 단 대로 그 맛을 보는 것입니다. 즉, 자신을 성장시킬 수 있는 것들에 대하여 늘 마음을 열어 놓고 살기 때문에 속이 좋아 보일 정도로 여유 있어 보이는 것입니다. 무신경과는 전혀 다른 것이지요.

오히려 비관적인 사람들의 경우, 비현실적으로 살아갑니다. 우선 비관적인 사람들은 시간 낭비를 많이 합니다. 즉, 되지도 않는 일에 집착해서 근심 걱정을 하며 시간을 낭비합니다. 게다가 혼자만 걱정과 우울감에 싸이는 게 아니라 주위 사람들까지도 힘들게 하는 것이 특징입니다.

심리학자 시버드는 전장에서 살아남은 사람들을 대상으로 한 연구에서 흥미로운 결론을 도출해 냈습니다. 전장의 생존자들은 단순히 운이 좋은 사람들이 아니라 양면적인 성격을 지닌 사람들이었다는 것입니다. 그들의 양면적 성격에는 어떤 것들이 있었을까요?

첫째, 평소에는 게으른 듯해도 일단 일을 시작하면 몸을 아끼지 않는 성격이라고 합니다. 평소에 체력을 비축해 두었다가 일을 할 때 집중하는 성격이라는 것이지요.

둘째, 늘 마음의 여유를 가지고 생활을 즐기지만, 필요할 때에는 아주 세심한 성격이 된다고 합니다.

셋째, 평소에는 자기 자신만 챙기는 것 같이 보여도 정작 어려운 때에는 다른 사람들의 어려운 일을 잘 챙긴다고 합니다.

넷째, 어린아이처럼 천진난만한데, 큰일이 생겼을 때는 당황하지 않고 침착하게 상황을 장악합니다.

다섯째, 내향적인 성격과 외향적인 성격을 다 가지고 있습니다.

반대로 전쟁터에서 살아남지 못한 사람들의 성격은 어떻게 드러났을까요? 물론, 그저 한 심리학자의 연구 결과일 뿐이라는 점은 감안해야 할 것입니다. 전장에서 살아남지 못한 사람들은 늘 마음이 불안해서 삶을 즐기지 못하고, 안절부절못하는 사람들이었답니다. 쓸데없는 걱정에 힘을 다 써 버리기 때문에 정작 위급한 상황이 닥치면 앞이 막막해진다는 것입니다. 평소에 자기 것만 챙기는 성향을 보였으며, 성격이 경직되어 있고 명령조인 경우가 많았답니다. 전장을 세상살이로 생각해 보면, 얼추 수긍이 갑니다. 자신의 삶을 잘 버텨 내는 사람들을 보면 전장에서 살아남은 사람들과 크게 다르지 않다는 걸 알 수 있습니다.

내 안의 자아 들여다보기

상담을 받는 사람들이 늘 의아하게 생각하는 것이 있습니다. 자기는 지금 다른 사람들이 속을 썩여서 상담을 받으려는데, 상담자가 엉뚱하게도 자주 어린 시절 이야기를 묻는다는 것입니다. 자신의 어린 시절과 지금의 문제가 무슨 상관이냐는 것이지요.

하지만 유년기의 상처를 치유하지 못한 사람은 인격의 일부분이 미숙한 채로 남아 있습니다. 내담자의 어린 시절에 대해 묻는 건 바로 이런 이유 때문입니다. 유년기의 상처가 깊은 사람들은 철들지 못한 어른이 되어 자기도 고통받고 다른 사람들도 괴롭히는 경우가 많습니다.

우리 안에는 과거의 경험들이 만들어 놓은 모순된 감정들과 유아적 감정들이 겹겹이 쌓여 있습니다. 그래서 이해할 수 없는 분노,

원인을 알 수 없는 우울, 열등감 등 온갖 유치한 부산물들을 만들어 냅니다. 이것들은 격렬하기 때문에 통제하기도 어려우며, 무의식 안에서 진행되기 때문에 이해하기도 어렵습니다. 이것은 실제 현실이 아닌 타인의 눈에 보이지 않는 심리적 현실이지만, 대인관계나 정신세계에 구체적 영향력을 행사합니다.

이러한 부산물 중 하나가 '자기 가치감'입니다. 우리는 물건을 보고 가치와 가격을 따지듯 사람에 대해서도 마찬가지의 습성을 갖고 있습니다. 다른 사람들을 보며 가치를 매기곤 하는 것입니다. 이는 스스로에게도 마찬가지입니다. 그렇게 해서 생겨나는 것이 자기 가치감입니다.

열등감이 많은 사람들은 자신이 별 가치 없는 존재라고 생각합니다. 그래서 점점 자신을 방치해 심리적 노숙자가 되어 버립니다. 이런 사람들에게는 지지와 격려를 통해 자존감을 되살려 사람답게 살게 해 주는 심리 치료가 필요합니다. 반면 자기 가치감이 지나친 것도 문제입니다. 자신의 생각이나 삶이 가장 바람직하다 여겨 다른 사람들을 가르치려 들어 전형적인 잔소리꾼이 됩니다. 이런 사람들은 얼핏 배려심이 많은 듯 보이지만, 사실은 다른 사람에 대한 이해와 공감 능력이 턱없이 부족한 사람들입니다. 겉으로 보기에는 헌신적이지만 결국 사람들로부터 소외당할 수 있습니다. 지나친 것은 모자란 것만 못하다는 말을 새겨들을 필요가 있습니다.

다음으로 '자기 무시' 또한 경계해야 합니다. 심리 치료의 기본은 '자기 자신을 무시하지 않는 것'입니다. 다른 사람으로부터 받는 무시를 견디려면, 자신부터 스스로를 무시하지 않아야 합니다. 자신을 무시하고 자해하는 습성으로 인해 생긴 상처는 다른 사람들에게도 전해집니다. 자신을 극도로 무시할 때 생기는 현상이 피해망상입니다. 이런 사람들은 무시당할 만한 상황이 아니었음에도 불구하고 무시당했다는 느낌을 받습니다. 피해망상에 시달리는 분열증 환자들은 현실성이 결여된 망상을 호소합니다. 이 정도 단계까지 이르지 않았다고 하더라도, 평소에 다른 사람들이 자신을 무시하는 것 같아 견디기 힘든 기분이 든다면 그것은 스스로가 자신을 무시하고 있기 때문일 수 있습니다. 이런 경우에는 상황이나 타인만을 탓할 것이 아니라 자기 스스로를 점검하고 심리 치료를 받는 것이 좋습니다.

굴욕에 대해서도 짚고 넘어갈 필요가 있습니다. 요즘 '굴욕적'이라는 말을 가볍게 자주 사용하는 것 같습니다만, 사실 굴욕감이라는 것은 심리적으로 적지 않은 문제를 내포하고 있습니다. 굴욕감이란 실패를 경험으로 받아들이는 것이 아니라, 패배로 받아들일 때 느끼는 감정을 말합니다. 누구나 살면서 실수를 합니다. 인간적으로 성숙해지기 위해서라도 실수는 필요한 과정이지요. 하지만 실수한 것에 대해서 지나치게 굴욕감을 갖게 되는 것은 문제가 있습니다. 주로 어릴 때 부모에게 칭찬을 받기보다는 야단을 맞은 기억이 많은 사람들이 굴욕감에 시달립니다. 야단을 맞다 보면 자존감과 자신감이 급격히 떨어져 실패를 했을 때 죽고 싶은 마음이 든다는 것입니다. 이렇듯 미성숙한 부모들은 아이들에게 큰 상처를 주고 맙니다. 종교도 마찬가지입니다. 늘 사소한 잘못들을 되풀이하며 사는 게 사람인데, 그런 사람들을 이해하고 감싸 주지 못하고 지적과 질책을 일삼는 종교인들도 없지 않습니다. 주님께서도 너희 중 죄 없는 자가 이 여인에게 돌을 던지라고 말씀하시지 않으셨습니까. 주님의 말씀을 깊이 새겨들어야 할 것입니다.

심리 치료에서는 자아의 강도, 즉 자아의 힘을 중요하게 여깁니다. 육체의 힘과 마찬가지로 마음의 힘이 있어야 우울증을 비롯한 여러 가지 심리적 질병을 이겨 낼 수 있기 때문입니다. 그렇다면 자아가 건강한 것을 어떻게 알 수 있을까요? 숨기고 싶은 과거를 말하는 것으로 알 수 있습니다. 아프면 아픈 대로 슬프면 슬픈 대로 자기 과거를 말할 정도면, 아주 건강하다고 할 수 있습니다. 과거는 지나간 시간이 아니라 마음 깊이 뿌리 내린 기억의 덩어리이고, 지금의 삶에 큰 영향을 미치는 것입니다. 심리 치료에서 과거를 철저하게 해부하는 것은 바로 이런 이유 때문입니다. 따라서 어린 시절을 돌아보며 유년기의 상처를 아물게 하는 일을 시도해 보시라고 권하고 싶습니다. 이런 과정은 우리 인생에서 참으로 중요한 의미를 갖습니다. 집에서 시간이 날 때 어린 시절의 자기 사진을 들여다 보며 대화를 나눈다면, 지금의 힘든 감정들을 이겨 내거나 해소하는 데 많은 도움이 될 것입니다.

아이고,
징크스라니요

누구나 징크스 하나쯤은 갖고 있을 것입니다. 징크스는 사실 아무런 근거도 없고 도움도 안 되는 소모적 감정에 불과하지요. 특히 운동선수들이 징크스를 많이 달고 삽니다. 아침에 장의차를 보면 시합에서 이긴다, 어떤 색을 사용하면 이긴다, 어떤 것을 보면 시합에 진다 등등 다양합니다.

긍정적인 징크스들은 문제가 없는데, 부정적인 징크스는 문제가 될 수 있습니다. 징크스란 일종의 정신적 알레르기 현상입니다. 과거의 좋지 않은 기억들이 징크스를 만들어 내는 경우가 많은데, 그 밑바탕에는 불안함이나 두려움 같은 것들이 도사리고 있습니다. 징크스가 생기면 몸이나 마음이 위축되고, 패배 신경이 예민해진다고 합니다. 즉, '난 절대로 이길 수 없어.' 하고 힘겨워하는 자기암시적인 독백을 자기도 모르게 하게 된다는 것입니다. 이렇게 감정과 생각이 패배 의식에 젖어들면, 눈이 처지고 행동이 위축되어 당당하지 못한 모습을 보이게 됩니다.

신앙 안에도 징크스라는 것이 있습니다. 소위 '마귀 징크스'입니다. 삶에서 좀 힘한 일을 당하면, '이것은 틀림없이 마귀가 나에게 하는 짓일 거야.' 하고 생각하는 것입니다. 마귀 신심이 강한 분들이 지닌 징크스입니다. 이런 징크스에 대한 강박이 심한 분들은 감기에만 걸려도, 몸살만 나도 마귀 짓이라고 생각합니다. 하지만 이런 생각이 사실일 리는 없지요. 그렇다고 믿어 버리게 된 정신적인 문제일 뿐입니다. 혹시라도 크든 작든 신앙 징크스를 갖고 계시다면, 이는 하느님이 바라시는 바가 아니니 털어 버리십시오. 무엇보다 건강에도 해롭습니다. 사소한 일 하나하나에도 마귀를 끌어들이고 사니 심장이 벌렁거려 얼마나 힘들겠습니까.

한마디로 정리해 드리겠습니다. 징크스는 없습니다. 있지도 않은 사실을 있는 사실처럼 느끼는 것은 내적인 힘, 심리적인 면역력이 약해져서 그런 것입니다. 이런 사람들은 내면의 힘을 키우기 위해 감정 훈련을 하는 것이 좋습니다. 우선, 내가 징크스라고 생각하는 것에 정면으로 맞서 보십시오. 그리고 그것을 과감히 깨 버리는 것입니다. 그렇게 하지 않으면 평생을 불안에 시달리며 살게 될 테니까요.

부정적 징크스 중에 건강 염려증이라는 것이 있습니다. 이 병은 주로 노인들에게서 많이 나타나는데, 이런 분들은 조금만 아파도 혹시 큰 병이 아닐까 싶어서 병원 순례를 합니다. 그런데 이런 현상이 정신적인 면에서도 나타납니다. 조금만 마음이 흔들려도 '내가 우울증이 아닐까.', '내가 미쳐 가는 것은 아닐까.' 하면서 정신적인 병에 대한 극심한 불안감을 갖는 것입니다. 이렇게 자기 문제를 부풀려 생각하며 심각하게 받아들이는 것은 신경증적인 증세 중 하나입니다.

이런 경우 혼자서 정신의학 책을 보아서는 안 됩니다. 정신 의학에서 말하는 것들 중 미미한 정도의 증세들은 정상적인 사람이라면 누구나 가지고 사는 것들입니다. 사람의 정신 상태를 판단하는 데 가장 중요한 것은 일상을 살 수 있는가의 여부입니다. 일상적인 삶을 사는 데 문제가 없다면 정상입니다. 그러므로 없는 병까지 만들어 마음 고생하시지 말고 스스로 정상이라고 생각하십시오.

사람의 정신은 밥그릇을 거꾸로 엎어 놓은 것과 유사한 형태를 가지고 있습니다. 우리의 마음이 중심에서 크게 벗어나 있지 않은 한 정상이라는 것입니다.

사람의 정신 상태를 판단하는 데 있어서 또 한 가지 중요한 것은, 바로 우리가 살아가는 인생의 궤적입니다. 비록 비틀거리고 질척거릴지라도 앞을 향해서 가고 있다면, 많이 일탈하지 않고, 거꾸로 가지도 않으며, 다음 행선지를 향해 나아가는 나그네처럼 길을 가고 있다면, 여러분의 마음은 정상입니다.

인생을 쉽게 살 수 있는 사람은 단 한 사람도 없습니다. 인생은 작은 배를 타고 험난한 바다 위를 항해하는 것입니다. 자꾸 흔들리는 것이 정상입니다.